AF287690

NO7

DØMMEKRAFT, PROFESSIONSUDDANNELSER OG DET PROFESSIONELLE ARBEJDE

- ET UDVIKLINGSPROJEKT MED NORDJYLLANDS POLITI OG PÆDA-GOGUDDANNELSEN, AALBORG

© University College Nordjylland

Udgivet af UCN Forlag

FORSKNING OG UDVIKLING

Selma Lagerløfs Vej 2
9220 Aalborg
www.ucn.dk/fou

Redaktion og tilrettelæggelse
Britta Nørgaard
Hans Jørgen Staugaard
Jens Boelsmand
Yvonne Miller

Udgivet juni 2013

Grafisk produktion
Yvonne Miller
Kommunikationsmedarbejder i Forskning og Udvikling

Trykkeri
Books on Demand, www.bod.dk

ISBN: 9788771145717

Indhold

Dømmekraft, professionsuddannelser og det professionelle arbejde

Af Britta Nørgaard, lektor og ph.d.-studerende ved UCN, pædagoguddannelsen

Gennem et ganske utraditionelt samarbejde mellem to professioner, repræsenteret af Nordjyllands Politi og UCN's Pædagoguddannelse, Hobrovej, har vi arbejdet på at tydeliggøre begrebet *dømmekraft*. Samarbejdet kan ses som en fælles interesse for, i begge professioner, at få sat fælles fokus på vores opgaver, særligt i relation til udsatte grupper og med mulighed for udvikling af innovative løsninger. Her har vi set det som en klar styrke at bringe professioner med mange forskelligheder sammen. Det kan modvirke polariseringer, sikre sammenhængskraft og styrke fælles opgaver som forebyggelse, arbejdet med medborgerskab og socialisering.

Det er gennem den professionelle dømmekraft, at faglighederne, værdisæt og holdningerne inden for de enkelte professioner aktivt kommer til udtryk. Samtidig er det centralt for den professionelle dømmekraft, at den er bundet til den enkelte person og den enkelte situation. At det personlige spiller en stor rolle også i den professionelle dømmekraft fremgår af både teori og vores empiri. Det betyder også, at artiklerne i det følgende arbejder med begrebet det personlige skøn som stort set synonymt med professionel dømmekraft.

Vores opfattelse er, at et øget fokus på – og tydeliggørelse af – begrebet dømmekraft i flere professioner vil styrke professionerne, dels deres faglighed internt, dels deres omdømme eksternt. Vores opfattelse er, at mere viden og forståelse af begrebet professionel dømmekraft kan supplere og udfordre professionelle rutiner og dermed bidrage til anerkendelse indad i professionen og udad i forhold til omverden?

Vi har derfor arbejdet med at søge viden, der ekspliciterer det *professionelle vidensgrundlag*, som er en central del af begrebet dømmekraft. Det har vi gjort dels teoretisk, dels mere praktisk ved at afsøge, hvordan begrebet dømmekraft ses i spil i professionerne. De to forskellige professioner med fælles berøringsflader og opgaver kan her være med til at tydeliggøre dels begrebet, dels ligheder og forskelle i, hvordan begrebet udfolder sig og bringes i spil.

En måde at søge viden på har været gennem fokusgruppeinterview med politi- og, pædagogstuderende fra forskellige trin i uddannelserne ved Nordjyllands Politi og Pædagoguddannelsen i Aalborg.

Disse fokusgruppeinterviews foregik på baggrund af cases eller dilemmaer.

En anden måde at søge viden på har været gennem læsning af og analyse af dels forskningsartikler og -materiale, dels bekendtgørelser for de involverede professionsuddannelser med henblik på tydeliggørelse af begrebet dømmekraft.

Denne afdækning har vi set i et læringsperspektiv, og vi har spurgt os selv: Hvordan gør vi dømmekraft til genstand for uddannelse – i en vekselvirkning mellem teori og praksis? Begge professioner er kendetegnet ved at være en vekseluddannelse. Centrale spørgsmål er, hvordan vi forbereder de studerende til praktikken, så den studerende også lader sig udfordre med hensyn til dømmekraft. Kan et tydeliggjort begreb om dømmekraft inddrages som begrundelseselement

og faglig tydeliggørelse i bedømmelser i forbindelse med uddannelse?

De didaktiske overvejelser vil vi arbejde videre med i en forlængelse af dette projekt.

Arbejdet med dømmekraft i forhold til de to professioner har naturlig nok rejst en lang række spørgsmål, og vore artikler besvarer ikke dem alle.

- Vi har forskellige samfundsopgaver, men har et fælles udgangspunkt i dels professionaliseringen, dels i arbejdssituationer ofte præget af handlepligt.

- Hvordan sikres dømmekraften generelt i det personrettede professionelle arbejde? Hvis dømmekraft udgør en væsentlig del af den faglighed, man så at sige **står på** i disse situationer, hvordan kan vi så bevidstgøre, eksplicitere og diskutere den, så den bidrager til en fortsat kvalificering af professionerne?

- Politiet indgår oftest i korterevarende relationer og pædagoger og andre i længerevarende? Spiller tiden en rolle? Hvor går grænserne? Hvad betyder uniformen?

- Kan vi finde centrale pointer i

forskellige fag og fagområder, hvor vi måske også kan se, at begrebet dømmekraft udvikler sig – både set i et kulturelt lyst og set i lyset af individuelle erfaringer.

- Hvad betyder det kropslige – Kan vi afdække viden, som ekspliciterer *embodied knowledge* – tavs viden – for også herigennem at understøtte de e af det professionelle arbejde, som ikke uden videre kan ekspliciteres i procedurer og instrukser.

- Refleksioner over optagelseskriterier

- I hvilket omfang spiller det en rolle, at pædagoger måske opfatter sig primært som omsorgsprofession?

- Kommunikation spiller en stor rolle i mødet mellem mennesker. Hvordan formidles det faglige skøn, som også er en del af begrebet dømmekraft over for dels borgeren, dels samarbejdsparter i egen profession og tværprofessionelt?

- Hvordan hænger ansvar og dømmekraft sammen, og påvirker standarder og retningslinjer de professionelles opfattelse af ansvar?

- Hvordan hænger lille (livs)erfaring og de studerendes alder sammen

med udviklingen af dømmekraft? Og igen: hvem rekrutteres til de to professioner?

- Det kan synes som et paradoks, at pædagogfagets 'udefinerbare' vidensfelter ikke sætter dømmekraft mere eksplicit i spil, mens politiet i højere grad italesætter det professionelle skøn som et vilkår i arbejdet.

Artiklen **"Politi, pædagoger og professionel dømmekraft"** skrevet af uddannelsesleder Frank Norre, Nordjyllands Politi, lektor Lise Ovesen Skjelmose og lektor Britta Nørgaard, begge pædagoguddannelsen UCN, er en teoretisk indføring til de centrale begreber: dømmekraft og profession. Herudover rummer artiklen en række diskuterende betragtninger af begreberne i forhold til begrebet ansvar, i forhold til rekruttering af studerende til de to professioner. Overvejelserne munder ud i didaktiske refleksioner over, om vi underviser på en måde, der kan understøtte udviklingen af disse centrale begreber.

""Man skal være god til at have en plan B" – om studerendes forståelser af det professionelle skøn" skrevet af ph.d., adjunkt ved UCN, Ana Lisa Valente. Her bygges på fokusgruppeinterviews med politi- og pædagogstuderende.

De studerende italesætter et meget
komplekst arbejdsfelt, og de omtaler
forskellighed, gode praksiserfaringer og
muligheden af at lære af sine "fejl" som
centrale for udviklingen af dømmekraften.
Disse erfaringer skriver sig op mod
en nutidig tendens til at vægte fælles
standarder og evidensbaserede løsninger
som kvalitetssikring.

Endelig præsenterer lektor ved UCN og
ph.d.-studerende Britta Nørgaard i artiklen
"Professioner – utætte kategorier
eller hybrider? - en diskussion af
dømmekraft- og professionsbegrebet
i lyset af udvalgte professionsfelter
og – uddannelser" en række
overvejelser vedrørende en (u)tydelig
afgrænsning af både professionen og
af arbejdsfeltet. Betyder det noget for
anerkendelse indadtil og udadtil. Og
betyder professionsforståelsen noget for
udviklingen af dømmekraft? Inspireret
af en Bourdieu-artikel perspektiveres
netop pædagog- og politiprofessionerne,
og artiklen afsluttes med didaktiske
overvejelser.

Politi, pædagoger og professionel dømmekraft

Af Frank Norre, uddannelsesleder ved Nordjyllands politi, Lise Ovesen Skjelmose, lektor ved UCN, pædagoguddannelsen & Britta Nørgaard, lektor og ph.d.-studerende ved UCN, pædagoguddannelsen

Artiklen præsenterer et projekt, som har stillet skarpt på begrebet professionel dømmekraft i to ganske forskellige professioner, nemlig i politiarbejdet og i pædagogisk arbejde. Ud over en teoretisk indkredsning af begrebet dømmekraft har politi- og pædagogstuderende i fokusgruppeinterviews drøftet, hvordan de oplever, at den professionelle dømmekraft optræder i deres arbejde. De forholder sig også til et samspil mellem teori og praksis og til samspillet mellem det personlige og det professionelle, og vi bruger denne diskussion til også at spørge, om vi i uddannelserne matcher de krav, der er til disse samspil, og om projektet kan bidrage til didaktisk nytænkning.

Citat fra en pædagogstuderende:
" …… altså dømmekraft bygger jo på erfaring. Kan du argumentere både med din faglighed og erfaring, så er du kommet ud på den anden side"

Citat fra politistuderende:
"…..Det er rart at man er to og aldrig alene om at tage det skøn. Det er rart at kunne snakke om det, for man kommer tit i tvivl….. Erfaringen er byggestenen for skønnet. Erfaring er ikke kun positivt, fordi rutinen kan gøre, at man skønner forkert….."

Disse udsagn kommer fra et projekt, som i løbet af 2012 er gennemført i et samarbejde mellem Nordjyllands Politi og UCN's Pædagoguddannelse på Hobrovej. Vi har sammen forsøgt at indkredse, hvordan begrebet professionel dømmekraft ses og omtales i de to professioner. Som en del af projektet har vi bedt 2 grupper med hver 4 politistuderende og 4 pædagogstuderende forholde sig til 2 konkrete cases i fokusgruppeinterviews, som blev dokumenteret gennem observationer og båndoptager og efterfølgende udskrevet. Vi har været interesserede i at aflæse, hvordan de to professioner taler om den professionelle dømmekraft og tilsvarende begreber i forhold til konkrete og praksisnære situationer, og om de kan angive, hvor og hvordan de oplever, at dømmekraften udvikles.

Hensigten har været at opnå en viden om, hvordan en øget viden om professionel dømmekraft vil kunne supplere og udfordre professionelle rutiner. Kan en mere præcis viden om dømmekraft bidrage til en moddiskurs i forhold til tidens prioritering af evidens og best practice og evt. en øget anerkendelse i forhold til professionerne? Er professionel dømmekraft et uomgængeligt element i en uforudsigelig praksis for både politibetjente og pædagoger i deres professionelle praksis, og kan vi gennem uddannelsen kvalificere den professionelles anvendelse af professionel dømmekraft?

En øget viden om og kvalificering af dømmekraften kan forhold til praksis måske også forebygge utilsigtede hændelser og oplevelser af f.eks. krænkelser, som fører til klagesager. At vi har med to meget forskellige professioner at gøre har betydet, at netop forskelligheden har peget på spørgsmål og overvejelser, som kan vise sig konstruktive i et videre arbejde med at kvalificere projektets foreløbige

resultater i form af bl.a. didaktiske overvejelser. Begge professioner har samfundsbestemte opgaver, men der er store forskelle i mødet med borgeren. Forskellene handler bl.a. om relationers varighed, om entydighed i fagsprog eller mangel herpå, om uniformering eller ej, om muligheder for bearbejdning af konfliktfyldte situationer osv.

Professionsbegrebet

Ligesom vi senere vil se i forhold til begrebet dømmekraft kan man nærme sig begrebet profession fra mange sider. Tidligere har man anvendt begrebet at være professionel som en lidt køligt, distancerende udøver at bestemte erhverv. Særligt gennem de sidste ca. 20 år, hvor en række mellemlange videregående uddannelser har undergået en akademisering og er blevet til professionsbachelor-uddannelser, har man diskuteret hvad der kendetegner en profession, og om disse professionsbachelorer er semi-professioner eller professioner. De to professioner i projektet er på forskellige trin i deres udviklings som profession set i dette lys, idet pædagoguddannelsen har været en professionsbacheloruddannelse gennem en længere årrække, mens uddannelsen i politivirksomhed netop står foran sin akkreditering som professionsbachelor.

Man ser oftest en række markører i anvendelse for at indkredse professionsbegrebet. Vi bygger her på bl.a. Hans Jørgen Staugaards artikel "Professionsbegrebet", som netop behandler disse: "eneret, selvstændighed, specialisering, abstraktion og vurdering, uddannelse og en særlig arbejdsmoral"[1].

Vi vil ikke her gennemgå alle kriterierne i forhold til de to fag eller professioner, som har deltaget i vores projekt, men vi vil undervejs i artiklen henvise til begreberne og uddybe dem yderligere. Vi mener der er nogle tydelige forskelle og ligheder. Politibetjente har helt tydeligt eneret på udøvelse af en række opgaver, mens der kun vanskeligt lader sig indkredse opgaver, som pædagoger har eneret på. Begge fag er præget af en vis selvstændighed. Når man står i situationen er man godt nok en del af en større politisk opgaveløsning, men der er et vist råderum og mulighed for at lade den professionelle dømmekraft træde til. Specialisering, abstraktion og vurdering spiller en rolle i begge fag. Der inddrages teoretisk viden, og der bygges på abstraktioner, men stadig er der rum for en vurdering i situationen. Man kan ikke uden videre deducere fra den teoretiske viden og lade den foreskrive en bestemt praktisk handling. Selv om der er forskelle de to fag imellem, så er der også ligheder.

Uddannelse er for begge fags vedkommende vekseluddannelser, og de er etableret med tæt tilknytning til den praksis, som de retter sig imod. Arbejdsmoral handler om, om der f.eks. er særlige forventninger til professionsudøverne i bl.a. kredsen af kollegaer, men vel reelt i en større gruppe af interessenter, idet flere professioner samtidig har en rest af en kaldstanke indbygget.

Ud over de nævnte kriterier vil man også kunne se begreber som kontrol og ansvar relateret til diskussion af professionsbegrebet, og netop spørgsmål om intern eller ekstern kontrol af politiets faglighed har været diskuteret gennem de senere år. Begreberne påvirkes af den kontekst, hvori de praktiseres og ændres derfor sammen med samfundet. Der er naturligvis en forbindelse til begrebet arbejdsmoral, og Abbott peger på, at legitimering af professionerne i stigende omfang henter argumentation i teknikker og ydre forhold frem for gennem personbårne karaktertræk[2].

Tiden kan måske også ses som et kriterium, idet der ses en stor forskel på varigheden af de relationer, man som professionel i de to fag indgår i. Oftest vil politiets kontakt med borgeren være af kort varighed, og der er ofte tale om enkeltstående episoder. Heroverfor oplever de fleste pædagoger relationer af længerevarende karakter, og det kan indebære en forskel i forhold til f.eks. udøvelse af den professionelle dømmekraft.

Selv om man måske ikke umiddelbart betegner "rum" som et kriterium, så vil udøvelsen af professionen i de to fag foregå i meget forskellige rum, og politiets langt mere offentlige rum betyder sikkert noget for opgavevaretagelsen, mens pædagoger nok udøver deres profession under en ligeså offentlig bevågenhed, men trods alt i mere lukkede rum.

Forskellige former for dømmekraft

Som udgangspunkt har vi forsøgt at afgrænse os i forhold til forskellige former for dømmekraft, velvidende at der ofte er tale om et samspil, som vi kun analytisk kan forsøge at dele op. Og på samme måde som begrebet dømmekraft er komplekst, vil de situationer, hvor dømmekraften er i spil også være det. Vi har valgt at lade os inspirere fra flere sider for at indkredse en bred forståelse af begrebet dømmekraft.

Filosoffen Mogens Pahuus beskriver det personlige skøn og skitserer netop, at der ofte er tale om både at involvere hele sig selv og samtidig være en del af en samfundsmæssig-politisk helhed[3]. Så selv om der måske synes at være forskel på at skønne personligt og vurdere professionelt, så synes der at være en vis enighed om, at begge dele er nødvendige for at kunne håndtere et professionelt virke[4].

Citat fra fokusgruppeinterview, pædagog-studerende:
"Pædagogik er jo også autenticitet, og at man giver noget af sig selv........ dømmekraft er at give sig selv".

Eriksen og Pahuus anfører i deres artikel "Hvad er dømmekraft? – Den levende arv fra Aristoteles, Kant og Løgstrup" at netop disse tre teoretikeres bidrag viser, at viden og dømmekraft rummer både noget etisk, noget følelsesmæssigt, noget fornuftigt og noget fagligt kompetent.
Sammen med et andet bud på en aktuel diskussion af dømmekraften, nemlig Søren Juuls doktorafhandling: "Solidaritet: anerkendelse, retfærdighed og god dømmekraft", så har vi efter vores opfattelse væsentlige refleksioner vedrørende dømmekraft i den vestlige kultur repræsenteret i følgende baggrundsviden[5]:
Aristoteles og Kant betoner begge, at det at handle i den konkrete situation ikke kan være et rent teoretisk anliggende, og der ikke kan være regler og principper,

som uden videre omsættes til praksis. Aristoteles har fokus på det, der kunne være anderledes, og på situationer, der ikke kan være anderledes, og sådanne situationer vil der være mange af i praksis for både politibetjent og pædagog. Aristoteles indkredser forskellige "veje til sandheden", og specielt phronesis som en form for moralsk forstandighed fremhæves i forhold til den professionelle dømmekraft, uden at man dog kan undvære de andre fire veje, nemlig techne (kunstfærdighed/håndværket), episteme (videnskabelig kundskab/ skolastisk viden), sophia (visdom) og nous (fornuftsmæssig indsigt eller intuition / syn)[6].

Hos Aristoteles ses også en opdeling af dømmekraften i hhv. den etiske og den politiske dømmekraft. Den etiske dømmekraft ligger tæt på det personlige, og her er der en markant forskel i forhold til phronesis, idet sprogliggørelse og kommunikation står centralt i udøvelsen af den forstandighed og den dømmekraft, der omtales som phronesis iflg. Aristoteles, mens det personligt-etiske ikke behøver blive sprogligt artikuleret[7]. Man kan dog forestille sig de tanker, den enkelte professionelle gør sig både i situationen og i et fremtidsperspektiv for at forlige sig med eventuelle konsekvenser af en beslutning. Vi er af den opfattelse, at der i de allerfleste professioner og måske særligt i de borgerrettede professioner (som Eriksen og Pahuus m.fl. omtaler som velfærdsprofessioner) er tale om, at man som professionel også altid har det personlige i spil.

Den politiske dømmekraft optræder iflg. Aristoteles, når der er tid til længere overvejelser og vurderinger og måske med inddragelse af en større offentlighed. Heri er der også ligheder med Kants opfattelse af dømmekraften som noget, der fungerer i fællesskab, i sensus communis[8].For politibetjentens og pædagogens praksis vil der ofte være en offentlig bevågenhed, som gør, at dele af deres praksis også vurderes og bedømmes i fuld offentlighed. Og samtidig skal den enkelte professionsudøver også have en holdning til sin profession, som når de politistuderende i vores projekt omtaler loyalitet over for uniformen. En form for dømmekraft, som måske kan betragtes som værende på et mellemniveau, er den institutionelle dømmekraft, som Søren Juul kalder den[9]. Juul er her inspireret af bl.a. Ricoeur, og her er der tale om endnu en form for praktisk fornuft, som præges af "den sociale kulturs koder, af kulturelle værdiopfattelser og institutionaliserede rutiner, og som er afgørende for, hvad der overhovedet er muligt at tænke og gøre"[10]. Dette ser vi ganske tydelige eksempler på i vort materiale, idet politistuderende i mødet med f.eks. psykisk syge er instrueret om én tilgang, mens pædagogstuderende uddannes til en helt anden opfattelse af situationen. Generelt er det Juuls's bekymring, at den institutionelle dømmekraft overdøver en personlig og etisk dømmekraft, og at en "ren" objektiv opgaveløsning kan blive resultatet af hensyn til tidens krav om standardisering, evidens, evaluering og dokumentation.

Juul omtaler endvidere en kulturel dømmekraft, som måske kan siges at ligge tæt op ad en sensus communis i Kants forstand. Det er hvad tiden og kulturen giver os som grobund at vurdere ud fra. Dømmekraften hos Kant handler om at udvikle en kritisk evne i to betydninger: en umiddelbart skelnende og en som tilhørende et kritisk fællesskab som både bedømmer og udøver. Kant kobler således vores umiddelbare skelneevne eller smag med et fællesskab, så den personlige opfattelse kan indgå i en fælles bestræbelse på at forstå[11]. Det kan f.eks. dreje sig om at forstå personer, der afviger fra normen og dermed påkalder sig et behov for indgriben fra politiets eller pædagogers side.

Endelig omtaler Juul begrebet social dømmekraft. Han sætter det i relation til mødet mellem den professionelle og borgeren og mener, at der er tale om en anden form for dømmekraft i dag end for blot 15 – 20 år siden[12]. Begrebet defineres ikke nærmere, og måske kan den fantasi, som flere af teoretikerne anser for at være et væsentligt element i dømmekraften betyde, at det sociale handler om at se det andet menneske i sin særegenhed og at have en sans for at anerkende og inddrage den baggrund, som borgeren over for en repræsenterer. Juuls kritik går på, at f.eks. socialrådgivere for let overtager den institutionelle dømmekraft, der p.t. er gældende, og som indebærer en risiko for krænkelse af borgeren. En lidt mere nutidig inspiration inddrages, når Eriksen og Pahuus i deres artikel afslutter med at præsentere den danske filosof K.E.Løgstrup og nogle af hans overvejelser om dømmekraften. Løgstrup er på linje med Kant i påpegningen af, at dømmekraft må rumme etisk fantasi. Løgstrup tilføjer endnu et væsentligt element, nemlig tillid og åbenhed. Tillid handler om, at man i situationen, som man gerne vil forstå og vurdere, er rettet mod denne situation med hele sig selv, hvorfor der også er en følelsesmæssig og personlig side af hans opfattelse af dømmekraften. Åbenhed handler om, at man åbner sig for den anden,

13

og han betoner, at dømmekraften som forudsætning beror på vores evne til at hente energi i det uforudsigelige og det ubestemte – det nye[13].

Det vil nok ikke være overraskende for mange, at netop det uforudsigelige og det ubestemte udgør væsentlige træk ved den professionelle praksis, som bl.a. politibetjente og pædagoger er en del af.

Afgrænsning

Vores hidtidige gennemgang af begreber om henholdsvis profession og dømmekraft viser, at der er tale om et begreb, op gennem historien har været underlagt en række analyser og forsøg på præciseringer. Vi vil i det følgende præsentere dels vores forståelse af den professionelle dømmekraft i lyset af de indledende betragtninger.

Vore afgrænsninger handler om, at vi med vores projekt gerne vil bidrage til at kvalificere den professionelle dømmekraft til gavn for mødet med borgere i praksis og til gavn for de professionsuddannede. Det gælder i dette tilfælde politibetjente og pædagoger som de professionsuddannede, som vi er med til at uddanne, og som vi ser som frontarbejdere i forhold til borgere i mange og ofte vanskelige situationer.

Professionel dømmekraft

Som det er fremgået af vore indledende betragtninger er der mange perspektiver på begrebet dømmekraft, og ikke færre når det drejer sig om den professionelle dømmekraft. Vi mener, der er mange af de ovenstående perspektiver, som bidrager til at kaste lys over begrebet i forhold til vort ærinde.

Vi mener dog også, at det kan være formålstjenligt at forsøge en mere samlende tilgang. Her har vi vendt os mod bl.a. filosoffen Hannah Arendt, som i Anne Marie Pahuus artikel med titlen "Dømmekraft i pædagogisk perspektiv – et opgør med evalueringskulturens fornuftsbegreb" kommer ganske tæt på en række af vore overvejelser[14].

Det er her centralt at indgå i et fagligt fællesskab, der rummer muligheden for dialog, etisk og åben forholden sig og en faglig tilgang, som ikke blot handler om en objektiv opgaveløsning. Her indkredses to typer af dømmekraft, som betegnes som en *magten* og en *kunnen*. Kunnen handler om at kunne foretage sig det nødvendige, og magten handler om at kunne inddrage en mere subjektiv side i form af en selvforståelse og en mere social side i en forståelse af de andre[15].

Der er stor overensstemmelse med de

øvrige perspektiver på den professionelle dømmekraft, og hvad vi ser som væsentlige aspekter for vores forståelse er dialogen: at der er mulighed for at drøfte fagligheden og de enkelte situationer. Den åbne forholden sig rummer for os at se en mulighed for at lade sig overraske, ikke at være låst fast på f.eks. kategorier og procedurer. Den faglige tilgang må kunne rumme både empati og et mere nøgternt, fagligt blik, så der er plads til både det, som Arendt kalder tænkning og kognition. Tænkning betyder i forhold til dømmekraft, at man kan forholde sig til enkelttilfælde uden at rubricere dem under abstrakte og almene principper[16]. Kognition er derimod en intellektuel kompetence.

Vi mener, der er noget centralt i Arendts understregning af åbenheden i forhold til dømmekraften. Selv betegner Arendt det nyskabende som natalitet. Og hun mener dermed, at vi gennem natalitet besidder evnen til hele tiden at kunne begynde på ny, og ikke en gang for alle være defineret gennem egne eller andres handlinger og definitioner. Mennesker med høj natalitet kan iflg. Arendt handle frit og demokratisk[17].

Skal vi opsummere vores forståelse af professionel dømmekraft på baggrund af disse træk inspireret af Arendt sammenholdt med vores tidligere indkredsning af begrebet dømmekraft, så mener vi, at begrebet er ganske komplekst. Phronesis-begrebet hos Aristoteles og Juuls institutionelle og politiske dømmekraft understreger både det kontekst- og situationsbestemte samt det personafhængige, og der er således plads for både eksterne og mere personinterne aspekter. Med Arendt får vi samtidig mulighed for at belyse væsentlige menneskelige og holdningsmæssige aspekter.

Professionelle dilemmaer og forskelle professionerne imellem – relateret til dømmekraft

Vi ser og hører gennem projektet en række dilemmaer for begge fag. En del af dilemmaerne udgør en fællesmængde for de to områder. Når pædagoger f.eks. har brug for assistance fra politiet til en borger, der pga. psykisk sygdom er aggressiv, ser syner eller nægter at fjerne sig fra et sted, så kan politiet måske nok fjerne borgeren, men pædagogen kan vurdere processen som unødig voldsom. Og politiet kan til gengæld synes, at pædagogen, som har forsøgt at tale borgeren efter munden for måske ikke at optrappe aggressiviteten, er for blødsøden. Her formulerer politistuderende f.eks., at de tager meget hensyn til den kollega, som risikerer at blive kaldt ud til en fuldstændig tilsvarende situation dagen efter, og i øvrigt er man instrueret i ikke at tale borgeren efter munden.

Vi kan altså se, at der er forskellige former for institutionel dømmekraft i spil, når politibetjente tager konkrete hensyn til kollegaen, der følger efter på stedet, ligesom der gennem bestemte udlægninger af teoretiske forudsætninger kan sige at udgøre en del af en kulturel dømmekraft. Tilsvarende vil man kunne se pædagogens overvejelser om at anerkende borgerens virkelighed som en del af den institutionelle eller kulturelle dømmekraft, som hans praksis udspringer af. Nogle vil kalde det korpsånd og andre kultur. Der er, som det fremgår af eksemplerne en risiko for, at netop disse forskelle kan være en barriere for forståelsen for hinandens professioner. For begge professionerne er der altså en række kriterier og karakteristika, som er konstituerende for at være en profession. Nogle kriterier byder på forskelle, mens andre frembyder en række ligheder. Vi mener, at det vil være relevant at tilføje overvejelser vedrørende tiden, rummet og relationerne. F.eks. betragter vi den samtale, som man ofte kan have i politibilen efter en episode, som en væsentlig forudsætning for den professionelle dømmekraft, jf. Arendt, hvor pædagoger ofte står alene

i situationen, og man må måske vente længe, før man får lejlighed til at dele sin oplevelse.

Pædagogers længerevarende relationer kan være både en styrke og en svaghed i forhold til den professionelle dømmekraft. Hvis man har været kontaktperson for en borger gennem f.eks. flere år, så kan man risikere at miste den åbenhed og natalitet, som ud fra flere af teorierne indgår som et væsentligt element i dømmekraft. Styrken kan naturligvis være, at men så også ved, hvad der er på spil i situationen.

Udfordringer i dagens samfund der fordrer udvikling af dømmekraft.

Uddannelserne må, i lighed med alle andre uddannelser, altid ses i lyset af den samfundsmæssige virkelighed, som uddannelserne skal kvalificere til. Fagligheden må kontinuerligt være i spil med sine omgivelser, så der skabes overensstemmelse mellem, hvad der er fagets anliggende og fagets egen udvikling.

En udfordring til nutidens pædagog- og politistuderende – samt de uddannede pædagoger og politibetjente – vil være, at de kontinuerligt må udvikle sig fagligt og dermed hele tiden forandre og udvikle deres syn på egen faglighed og professionalisme.

Samfundet forandrer sig med en hastighed, dybde og intensitet, som er unik. Samfundet kan karakteriseres ved sit eksplosive opbrud, så vi står midt i et socialt og kulturelt opbrud, hvor uforudsigelighed, kompleksitet og kaos er grundvilkår. Vi står hver dag overfor et utal af muligheder, og hver gang vi gør noget, kunne vi principielt have gjort noget helt andet. Så for at kunne gennemskue og kunne handle i kompleksiteten skabes et forøget behov for at gennemtænke og tage stilling til, hvilke af de mange valgmuligheder, vi skal vælge. Kontingens og refleksivitet kommer derved til at fremstå som sammenhængende kulturtræk i vort samfund.

Forandringshastigheden fremstår som en voksende udfordring, så samfundsudviklingen gør det væsentligt for de pædagog- og politistuderende – samt de uddannede pædagoger og politibetjente, at de kan forholde sig til de mange valg, de mange uforudsete situationer, kan se og gribe de muligheder, som åbner sig ved de mange handlevalg samt har vilje og evne til at træffe beslutninger og tage ansvar for deres konsekvenser.

De studerendes forventede udvikling af dømmekraft og evne til at træffe kvalificerede valg er således en del af de to professioners egne kompetencegrundlag. For begge professioners vedkommende mener vi derfor, at den professionelle dømmekraft er en værdifuld og fundamental kompetence at besidde, og vi finder, at det er væsentligt, at vi som uddannelse er nysgerrige på at kvalificere og udvikle den i forhold til den praksis, vi uddanner til.

De professionelles dømmekraft udfordres og er kommet under pres.

Som Eide skriver i sin artikel "Individuelt ansvar og sløvhet i profesjonsutøvelse" er der sket en perspektivdrejning, når det gælder ansvar og konstitueringen af ansvar. En perspektivdrejning der indeholder en risiko for deprofessionalisering af de professionelle, da de professionelles rum for dømmekraft bliver mindre, og den professionelle som selvstændig, tænkende og vurderende person bliver perifer. [18]

At professionsudøvere har et ansvar, knyttet til det arbejde, de udfører, er givet. Den professionelle er ansvarlig for sine handlinger, og for at handlingerne er fagligt forsvarlige. Som Eide nævner, er det velkendt at knytte ansvar til handling, hvorfor den professionelle må kunne svare for sin praksis, og det, den har ført til. [19] For de professionelle er betroet et ansvar – et ansvar, hvor de professionelle kan kræves til regnskab ikke blot af sin egen personlige samvittighed, men af sin faglige og professionelle samvittighed. Den professionelle må kunne leve med sine valg og handlinger. Det individuelle ansvar har således både en juridisk – og en moralsk dimension. Det kan derved siges, at de professionelle er tildelt en position, hvor beslutninger og ansvar hviler på deres egen dømmekraft. Ansvar som handler om at svare for sig og kunne blive stillet til ansvar, er krævende for den professionelle frontarbejder, som er i søgelyset.

Professionernes egen ansvarsforvaltning udfordres i større grad end tidligere af politisk kontrol, og der er et udtalt ønske om at reducere den magt, som professionen og de enkelte professionelle har ved selv at forvalte ansvaret for god professionsudøvelse.[20] Dette kan bunde i en mistillid til de professionelle. Fra deres opdragsgivere møder de professionelle en ny form for ansvar, hvor vægten lægges på procedurer og regler – en ansvarsdimension, som i spinkel eller ingen grad knyttes til professionsudøveren som person. Det er administrative organer, der definerer mål og indikatorer for kvalitet, og der er en tilslutning til reglerne, uden at de professionelle selv har taget stilling til dem. Med disse nye styringssystemer

opleves det professionelle arbejde kontrollerbart efter givne standarder. Med en reducering af de professionelles og professionens magt til følge.[21] Med inspiration fra Hannah Arendt inddrager Eide en beskrivelse af en særegen sløvhed, som kan ramme de professionelle. Sløvheden er karakteriseret ved svigt i tanke og dømmekraft og kan blandt andet komme til udtryk ved en udstrakt henvisning til pligter og regler. Herved kan sløvheden resultere i, at den professionelle gør sig selv overflødig.[22] Sløvheden er en immunitet mod virkelighedens krav. Regler og procedurer har en opmærksomhedsforskydende funktion, idet opmærksomheden forskydes fra virkeligheden og situationen til de på forhånd formulerede regler og procedurer. At være ansvarlig bliver her at henvise til, at regler og procedurer er blevet fulgt. Bliver nogen kritiseret for en handling, rettes blikket først og fremmest mod reglerne og procedurerne, og er disse fulgt, er der ingen grund til at klandre den handlende. Med det følger en afgrænsning af det personlige ansvar. Den professionelle kommer ud af ansvarsfeltet, og det bliver irrelevant, om den professionelle står for noget eller vil noget. Arendt fremdrager, at i yderste konsekvens lader den professionelle sig reducere til en udskiftelig brik, og bliver

snarere nobody end somebody.[23]
De beslutninger, der træffes i situationen,
kan have afgørende betydning for den
person, der står over for os, hvorved
den professionelle dømmekraft også
kan føles som en byrde. Mange udøvere
af professionen har det sikkert bedst
med kun at forholde sig til lovens eller
procedurens bogstav. Eller sagt med
andre ord: De havde det måske bedst
med ikke at skulle vurdere fra sag til
sag, men skære alle over en kam. Dette
hjælper de mange procedurer og regler
dem med. Med den i hånden kan man i
nogen grad parkere den professionelle
dømmekraft.

Gennem de senere år har der været
flere eksempler på, at f.eks. enkelte
politibetjente har misforstået ånden
i f.eks. våbenloven. Det kan gå helt
galt, hvis man glemmer at udvise
dømmekraft i administrationen af disse
love. Så risikerer borgerne, at loven ikke
administreres i henhold til hensigten.

Udviklingen med mange regler og
procedurer betyder, at muligheden for
at træffe reflekterede beslutninger i
opgavevaretagelsen begrænses mere og
mere. Det bliver med andre ord sværere
og sværere at udvise dømmekraften
i arbejdet. Fratager man de ansatte
muligheden for at udvise dømmekraft,

så fjerner man samtidigt en del af
professionens udviklingsmuligheder.
Måske er vi selv medvirkende til
oplevelsen af de mere og mere snævre
bånd. Er vi selv ude om, at mulighederne
for at udvise dømmekraft mindskes?
Har vi været for lidt engageret for
længe? Med indførelsen af de mange
procedurer ændrer vi professionerne
til almindelige erhverv med bestemte
"produktionsmål", der viser om vi driver
en virksomhed, der lever op til bestemte
målkrav. Professionen er ikke almindelige
erhverv, idet vi har med mennesker at
gøre. Er det netop det, man vil signalere
ved nu at kalde politiuddannelsen for en
professionsbachelor?

Skulle man så ikke hellere gå den anden
vej og gøre kravene til uddannelsen
mindre og alene forlange, at de ansatte
kan læse og forstå en tekst (lovgivningen
og procedurer) og så udøve sit erhverv
ud fra dette. Dette kan ses som en logisk
konsekvens af Eides bekymring, at det
med andre ord kunne være tilstrækkeligt
at ansætte administratorer.

I vores inspiration fra Hannah Arendt
ser vi et afskrækkende eksempel på en
administrator, nemlig Adolf Eichmann[24].
Han blev af Hannah Arendt karakteriseret
som fuldstændig normal, men uden evne
til kritisk tænkning. Han var altså uden

dømmekraft ud fra vores forståelse. Han var med andre ord den tro embedsmand, der bare gjorde, hvad han fik besked på og fulgte de udstukne regler uden evnen til at udvise dømmekraft.

Citat fra politistuderende peger på det centrale i netop dømmekraften: "meget af arbejdet er baseret på et skøn, meget politiarbejde er et personligt skøn man gør ude på stedet, og derfor vil personlighed spille meget ind. Som vi talte om, så er der nogle rammer, love, men det er igen et personligt skøn derude, hvordan man ser borgeren, og hvad man vælger at tage op af rygsækken og anvende derude. Det modsatte ville også være forfærdeligt, hvis man kom ud og sagde så gør vi det og så gør vi det næste punkt, det ville også være træls, så ville man ikke få det der forhold overfor borgeren, hvis man ikke har personligheden med. Så bliver det sådan politistatsagtigt".

De konkrete situationers karakteristika og udfordringer.

Med baggrund i ovenstående forståelse af dels profession, dels dømmekraft og relateret til samfundets udfordringer står den enkelte professionelle i helt konkrete situationer, hvori den professionelle dømmekraft kommer i spil.

Om de konkrete situationer i praksis kan det siges, at situationerne er unikke; de har en altovervejende karakter af øjeblikkelighed over sig, og derfor er ethvert møde nyt og vil aldrig gentage sig i samme form. Men selv om en situation altid er enestående, har den tilbagevendende og typiske træk, hvor vi forlader os på vores erfaringer; men samtidig er ingen situation en kopi af den foregående: Der vil altid være aspekter ved den, der er anderledes, facetter, der er uforudsete. Det typiske kommer af det fælles faktum, at vi alle er mennesker. Det fælles kender vi, så de typiske træk gør, at vi forhåbentlig kan se det specielle i en given situation. Situationerne er dybt grundet i intense og alligevel umærkeligt skiftende interpersonelle forhold. Situationerne er derfor ofte mangetydige, uklare og kan variere indenfor et kort tidsrum. Situationerne må derfor ses ud fra det konkrete møde, og handlingerne må afstemmes med øjeblikkets omskiftelighed. Den professionelle må forholde sig til det, der sker her og nu. Dette medfører, at situationerne er præget af handletvang; hvilket vil sige at den professionelle i øjeblikket må overveje og beslutte, hvad der skal gøres, og hvordan det skal gøres – hun/han må handle kompetent her og nu – der er ikke mulighed for at trække sig tilbage for at tænke over, hvad hun/han skal gøre. Den professionelle må benytte sig af sin dømmekraft forhold til situationen og personer, hun/han står overfor. Den professionelle må træffe valg som ofte er imellem indbyrdes modstridende forhold i situationen, men også i forhold til eventuelle værdi- og interessekonflikter [25] – eksempelvis prioriteringen mellem kravet til effektivitet og kravet til et kvalitativt højt fagligt niveau.

De professionelle møder en praksis, der i sin karakter er situationsbunden, øjeblikkelig, flygtig, kompleks og uklar. En hverdag fyldt med situationer, hvor den praktiske handletvang er et givet vilkår, som det ikke er muligt at komme udenom. Den professionelle skal i den aktuelle situation magte både at være aktivt til stede, og kunne hæve sig op over den konkrete situation – for at se på sig selv som professionel, og for at se på samspillet mellem sig selv og den anden – og så vurdere om handlingerne er fornuftige. Den professionelle er i sit daglige arbejde i ansigt-til-ansigt-relationer konfronteret med spørgsmålet – hvad bør jeg gøre i denne konkrete situation, og handletvangen kræver hurtige afgørelser. I kraft af borgerens afhængighed af den professionelle ligger der en væsentlig etisk dimension i afgørelsen. Det professionelle arbejde vil i sit væsen altid have et element af eksperiment i sig, for den professionelle

kan ikke forudse den andens reaktioner og vil aldrig kunne forudsige udfaldet.

En politistuderende siger i interviewet: "Man må prøve sig frem. For man kender ikke manden, man bliver bare sendt til stedet. Så kan man sige, at pædagoger på et bosted, de har et bedre kendskab til hvordan man skal takle dem, de er jo vant til at omgås dem. ... Politiet vi kan jo bare prøve os frem når vi kommer til stedet ....".

Store udfordringer til den professionelle af både faglig og personlig karakter, der som beskrevet ovenfor må bæres af den professionelles dømmekraft

Den praktiske verden er en broget verden. Praksis handler om det, der kunne være anderledes, så et vilkår for den professionelle praksis er en evig tvivl; for det vil altid kunne diskuteres, hvorvidt det gennemførte med fordel kunne erstattes med noget andet. Men eftersom al vores kundskab og al vores forståelse altid vil være foreløbig og ti at korrigere, vil hverken usikkerhed eller tvivl undergrave professionsudøvelsen. Tværtimod kan tvivlen blive en positiv drivkraft til erkendelse, eftersom den bibringer motivation til at undersøge sagen nærmere.[26]

Set i lyset af, at den evige tvivl er et grundvilkår for praksis, vil vi aldrig kunne få en facitliste for god professionsudøvelse. Derfor kan det undre og absolut også give stof til eftertanke, at studerende fra begge professioner i fokusgruppeinterviewene var fokuseret på og gentagne gange vendte tilbage til, at de begik fejl. Politistuderende: "Det lærer man ikke, det kan du ikke lære 100 %. Du fejler hele tiden. Jeg har tusind gange prøvet at gøre et eller andet og så fejler man og det må man bare acceptere, så prøver jeg noget nyt. Det er jo sjældent, at man løser en opgave 100 % korrekt og det må man bare acceptere. Specielt når man har et job som det her, hvor man ikke har den lommebog at slå op i. Vi laver fejl hele tiden, og sådan er det bare".

Ovenstående belyser med al mulig tydelighed, at det ikke i den professionelle praksis holder kun at henvise til regler og procedurer, og vi undrer os over anvendelsen af begrebet fejl.

Men hvordan kan den professionelle være i stand til at overveje situationerne på fornuftig vis "in the eye of the storm", og er der her brug for et tydeligere fagsprog? [27]

Hvad vil det egentlig sige at skønne fagligt? – Hvordan får hun/han rettet handlingerne specifikt mod det, som den konkrete situation kræver? En politistuderende siger: "Selvfølgeligt ville det være perfekt hvis man havde en lommebog for alle situationer, hvor alle mulige tænkelige situationer er opstillet, men det kan man jo ikke. Det har vi jo ikke, så vi skal bruge lidt skøn, vi må bruge det vi har. Det andet der, det kan vi jo ikke.

Fx psykisk syge, der kan man komme ud for vanvittigt mange situationer, derfor kan man ikke have den lommebog, man må hele tiden føle sig frem".

At blive klog på en situation er imidlertid en vanskelig sag, fordi en situation ikke er noget vi står overfor. Vi befinder os altid i den situation, vi skal forsøge at forstå – vi kan ikke komme på afstand af den – så at kaste lys over den, er en opgave, der aldrig kan fuldendes helt. "Enhver kender dømmekraftens ejendommelige afmagt, når tidens afstand ikke har givet os sikre målestokke". Tid er altså en afgørende faktor, og at en vis tidsmæssig distance kan åbne for nye betragtninger er et velkendt fænomen[28].

Hvem er de i professionen – rekrutteringsovervejelser?

Det kan ses som et paradoks, at der på den ene side de høje faglige krav stilles til de personer, der optages på uddannelsen og på den anden side er der måske reelt mere og mere begrænsede muligheder for at vise deres evne til at udøve professionel dømmekraft. Dette eksemplificeres f.eks. af politiets og anklagemyndighedens strategi for perioden 2012 – 2015. Strategien er udarbejdet i tæt dialog med samarbejdspartnere og nøgleinteressenter, og personale-organisationerne og ledere fra alle dele af politiet og anklagemyndigheden har været inddraget. Det har dels givet et godt overblik over de vigtigste behov og forventninger, som borgerne og øvrige interessenter har. Strategien er derfor andet og mere end en række velmente hensigtserklæringer. Den er tænkt som den fælles platform, alle arbejder ud fra, og den er det fundament, der sikrer, at fokus holdes.

I strategien står der bl.a. at de største forandringer vil være, at politiet

- Udvikler en servicekultur oven på den traditionelle myndighedskultur og situationsbestemt tænker og handler serviceorienteret – i vores handlinger og opgavevaretagelse
- Lytter endnu mere aktivt og kommunikerer mere direkte med borgerne, samarbejdspartnere og omverdenen
- Sætter flere konkrete og nytænkende initiativer i gang og løbende bruger innovation til at forbedre

opgaveløsningerne i forhold til borgerne, andre myndigheder og samarbejdspartnere

Strategien ses bl.a. udmøntet i professionsbachelor uddannelsen, der åbner for en "kritisk" og reflekterende tilgang til professionen og løsningen på de opgaver, politiet skal varetage[29]. Tilsvarende genfindes ikke i forhold til pædagoguddannelsen generelt. Der findes mange uddannelsessteder for pædagoger i modsætning til politiet, hvor der kun er et enkelt uddannelsessted. Der kan dog af vores lokale hjemme-side udledes nogle få fingerpeg om, hvordan man forholder sig til rekrutte-ringsgrundlaget. Ud over det rent faktuelle peges der på, at man gennem "pædagoguddannelsen bliver god til både det pædagogiske arbejde med brugere og samarbejdet med kollegaer, pårørende samt andre professioner. Pædagoguddannelsen handler også om dig selv og din egen udvikling. Du vil igennem uddannelsen blive udfordret både fagligt og personligt". Endvidere stilles følgende spørgsmål: "- Tør du udfordre dig selv? - Tør du være noget for andre? - Tør du tage ansvar?"[30] Der markeres altså nogle forventninger, som handler både om den enkelte studerende, men også om relationen til borgeren. Det samfundsmæssige i opgaven antydes med anvendelse af begrebet ansvar. Pædagoguddannelsen har som professionsbacheloruddannelse indbygget en udvikling af professions-bevidsthed, kritisk og etisk stillingtagen.

Umiddelbart peger vores gennemgang af begreber som dømmekraft og profession sammenholdt med bl.a. udsagn fra interviews på, at der kunne være en idé i at undersøge, om vi rekrutterer de rigtige studerende til uddannelsen. Ser man f.eks. på frafaldsprocenter i de 2 uddannelser, så tegner der sig store forskelle: der er en meget lille frafaldsprocent i politiuddannelsen, mens den nærmer sig 30 % i pæda-goguddannelsen. Skyldes det et rekrut-teringsgrundlag, som har et forkert fokus, hvis opgaven skal løses med dømmekraft, personlighed og ansvar? Og er der reelt mulighed for at demonstrere færdigheder og kompetencer inden for disse områder, hvis arbejdet er underlagt styringslogikker, der bygger på procedurer, evidens og dokumentation?
At kunne kommunikere, at kunne aflæse situationen, at kunne udvikle og bruge sin professionelle dømmekraft handler for en stor del om personlig udvikling, hvorfor vi også kan spørge, om det er den rigtige strategi at optage meget unge studerende uden ret meget livserfaring. Inden for

både politi og pædagoguddannelse mener vi, at forskelligartede erfaringer kan være med til at kvalificere de forskellige former for dømmekraft, som den færdigt uddannede politibetjent eller pædagog skal kunne gøre brug af.

Krav, ambitioner, ord og forvent-ninger i uddannelsen – matcher de hinanden

"Vi kan være nok så godt uddannet, men i sidste ende er vi kun mennesker og det er de også, dem vi arbejder med også. Og der er altså plads til fejl og der sker fejl. Jeg tænker, at på lang sigt, så er det måske også det, som kommer os til gode i praksis, at vi er forskellige og at vi har forskellige måde at arbejde på."

Citatet vidner jo om, at der er plads til fejl, men skal mere forstås i retning af, at der er forskellige løsninger på opgaven, som alle kan være gode nok, men derfor kan der jo godt – ud fra praksis – finjusteres næste gang man står i en tilsvarende opgave.

Det er her, vi som undervisere/uddannelsesansvarlige har en vigtig opgave. Der er en meget tæt kobling mellem den personlige dømmekraft og den professionelle. Måske kan den personlige dømmekraft ses som indlejret i den professionelle. Det vil sige, at man vanskeligt kan adskille det faglige fra det personlige. Selv om det for nogle er ønskværdigt og måske på mange måder lettere, så findes der ikke ret mange sager, der alene kan afgøres ud fra en rent faglig vurdering. Derfor er udgangspunktet for f.eks. vejledning af de studerende, at de i opgavevaretagelsen kombinerer viden og handleregler med etik og værdier, sanser, erfaring og refleksion, inden de træffer beslutning i en given sag. For ikke at isolere sig til egne sandheder, så opfordres de studerende til at sparre med kolleger, skabe rum for fælles refleksion og f.eks. bruge patruljebilen som refleksionsrum, ligesom der hos politiet er etableret en form for dialogisk rum, hvor man frit kan diskutere løsningen af en opgave[31]. Tilsvarende er der f.eks. kollegial vejledning som en del af mange pædagogiske arbejdspladser: Gennem interviewene fremgik det imidlertid meget tydeligt, hvor konstruktivt flere af de politistuderende opfattede tiden i patruljevognen. Her var der ofte tid til – både før og efter en episode – at sparre med hinanden.

Som i samfundet som helhed, så er der også i de to involverede professioner en vis imponerethed over eksaminer, grader og "fine" papirer. Det synes ofte vigtigere med "fine" papirer end fine personlige egenskaber. Mange ledere siger, at det er lettere at arbejde med en ansat,

som måske ikke er så fagligt stærk, end hvis man har personlige egenskaber eller en personlighed, der ikke passer til professionen. Det faglig kan kvalificeres, mens det er vanskeligere at ændre på en personlighed.

Kigger vi på rekrutteringsstrategien, så hænger graden af succes for udvikling af en professionalisme, der rummer bl.a. professionel dømmekraft, sammen med rekrutteringen generelt. Der er stadig i meget stor grad fokus på politiet som den actionprægede profession, hvor det fysiske er meget afgørende. Dette gælder såvel i forhold til medier som i forhold til rekruttering og optagelsesprøver. Er det forventningerne, når man starter i professionen, at arbejdet primært består af actionprægede opgaver, så risikerer man at blive skuffet, idet meget af arbejdet foregår ved en computer, ligesom refleksion og kommunikation udvikler sig til at have større og større betydning for professionens virke. Som det er i dag, så er det væsentligt lettere at skaffe personale til f.eks. indsatsdelinger end det er til dialogdelinger. Denne vægtning af opgaverne siger også noget om den anerkendelse, man møder borgeren med. Kommunikationen har i visse situationer trange kår. Relationsarbejdet kan med andre ord have mindre betydning for nogle af politiets professionelle. Man forsøger ikke at sætte sig i den andens sted.

Politiets strategi for rekruttering sammenholdt med krav og forventninger til politivirksomheden kan ses som et krydspres. På den ene side vægtes det dialogbaserede og på den anden siden er der krav om overholdelse af procedurer og om målopfyldelse.

Politiets personaleafdeling anvender i forbindelse med jobinformationsmøder en powerpointpræsentation[32]. I forhold til etik, refleksion og dialog hedder det her:

*   "Politiet lægger vægt på, at du har gode mundtlige kommunikationsevner."

På hjemmesiden ses følgende relaterede formuleringer:

"Rigspolitiet lægger vægt på, at ansøgeren er motiveret og reflekteret i forhold til politirollen og foretrækker ansøgere med en vis modenhed, herunder empati og vurderingsevne"

"Du skal som ansøger blandt andet vise, at du har de rette personlige kompetencer i forhold til politiarbejdet"

"Visse opgaver stiller ...... særlige krav til dine sociale egenskaber"

"Alle politiets opgaver kræver, at du er god til at samarbejde og villig til at omstille dig"[33]

Optagelsesproceduren rummer en bedømmelse af ansøgerens samarbejdsevner, dennes sociale adfærd og kommunikationsevner. Den afsluttende samtale skal give et samlet indtryk af ansøgeren som person.

Når man på den ene side tænker på den ret ensidige fremstilling i medierne af politiet som et actionpræget erhverv og på den anden side sammenholder ordlyden i Politiets og Anklagemyndighedens Strategi, så er der i forbindelse med hvervning og ansættelse af nye politi-betjente et mindre fokus på etik, refleksion og dialog. Vi vurderer, at der er et dårligt match mellem de store fysiske krav til politiuddannelsen sammenholdt med den praksis, man reelt skal ud i, hvor der i stadigt stigende omfang er brug for kommunikativ kompetence og relationskompetence.

Tilsvarende kan der måske også være et mis-match mellem forventninger, som pædagogstuderende danner ved læsning af nogle af de begreber, der optræder i præsentationstekster, og så den praksis, som de bliver en del af – både på uddannelsesinstitutionen og i praksis. Overordnet svarer flere af de krav, som stilles til pædagogstuderende om at være gode til kommunikation, have gode sociale og personlige kompetencer og være reflekterende til de krav, der stilles til pædagogstuderende. Men også her kan der måske være en dobbelttydighed i signaler og forventninger.

"Holdning, handling og højspænding" er underoverskiften på hjemmesiden for UCN[34]. Vi mener også, at f.eks. begrebet "højspænding" kunne resultere i lige så skuffede forventninger for pædagogstuderende, som begrebet "action" (som dog er mest mediernes billede) kan medføre hos politistuderende. I det skrevne præsentationsmateriale fra UCN spørges der, om man:

"har du ambitioner, om at arbejde inden for et fagområde, hvor du gør en forskel hverdag. Har du mod til at bruge dig selv og din faglighed i en hverdag, hvor to dage aldrig er ens? Har du nærvær og evnen til at møde mennesker, der hvor de er? Har du handlekraft og er rummelig, samtidig med at du forstår at sige fra, når det er nødvendigt?"

Går man tættere på pædagoguddannelses faglige signalementer og på krav til praktikperioderne gennem uddannelsen, så er nogle af de begreber, som efterlyses i forhold til politiets uddannelse, hyppigt forekommende. Det gælder bl.a. begrebet etik, som er nævnt flere gange i forskellige sammenhænge. Men det er ikke ensbetydende med, at det er et begreb, som integreres på kvalificeret vis[35].

Ser man på studieordningen for politiuddannelsen fra 2013, så er det her tydeligt, at selv om ovenstående bekymringer om et skifte fra det mere personlige til det mere regulerede finder sted, så er der dog i flere sammenhænge nævnt, at det professionelle skøn eller den enkelte betjents skøn er en central kompetence at udvikle[36]. Tilsvarende findes ikke i studieordning for pædagoguddannelsen ved UCN.

Teori og praksis – ligeværdige elementer i Pædagoguddannelsen og i Uddannelsen i Politivirksomhed.

Som nævnt i den indledende præsentation af projektet er begge uddannelser tilrettelagt efter princippet om vekselvirkning mellem teori og praksis, hvorfor forholdet mellem teori og praksis står meget centralt i uddannelserne. Teori og praksis indgår i en produktiv og berigende vekselvirkning med hinanden - teorierne vil bidrage til, at der opretholdes en diskurs, som tilføjer praksis en kritisk undersøgende dimension. Hvorved der også vil kunne opnås, at viden demokratiseres – at viden deles. I lyset af denne forståelse tilvejebringes og udvikles fagligheden i et konstant samspil mellem fagenes teoretiske og praktiske dimension, og spørgsmålet om hvad der er væsentligt at lære i uddannelserne finder svar både fra teori og fra praksis. En tænkning, hvor teori og praksis ses som ligeværdige elementer i uddannelsen, og når denne optik anlægges på forholdet mellem teori og praksis, tages der afstand fra, at der kan laves en lige vej fra teorier til praksis – så teori derved bliver foreskrivende for praksis, og praksis anvendt teori. Så visionen må være at arbejde med et ideal om sammenhæng mellem at vide og at kunne. Derfor er disse betragtninger vedrørende teori og praksis de første, man som underviser eller praktikvejleder må gøre sig i forbindelse med uddannelserne.

Didaktik og Dømmekraft.
Når vi i det følgende inddrager Erling Lars Dale handler det om, at vi nu gerne vil se nærmere på, hvordan vi transformerer den viden om dømmekraft, som vi har fra dels den filosofiske tilgang, dels fra den professionelle tilgang i både teori og praksis til nogle overvejelser, der peger på uddannelse og didaktik. Dale har en række overvejelser, som ligger helt i tråd med den opfattelse af dømmekraft, som vi har indkredset tidligere.

Professor i didaktik Erling Lars Dale bruger begrebet dømmekraft om det gode skøn, og han giver udtryk for, at dømmekraft er evnen til praktisk

bedømmelse af situationer – hvilket vil sige at man kan orientere sig, kan skelne og differentiere, i den situation man er i, samt at man er i stand til at vurdere, hvad der skal og ikke skal gøres her og nu. Dømmekraften kommer derfor til udtryk når man er i stand til at formidle noget alment med en aktuel omstændighed, en konkret situation.[37]

Den professionelle dømmekraft handler derved meget om at beslutte sig for det bedste eller den mest hensigtsmæssige handling i den konkrete situation og er således altid knyttet til en konkret situation. Dømmekraften drejer sig om at have et fagligt beredskab, som bygger på, at man har udviklet en evne til at lægge mærke til det betydningsfulde, væsentlige og subtile, en evne til at finde sammenhænge og mening i situationen, en evne til at fælde afgørelse om, hvad der er det rette at gøre i situationen samt en evne til at rekonstruere kundskaber og erfaringer i forhold til den konkrete situation – det vil sige en anvendelse og en udøvelse af kundskaber i situationen udsprunget af, at man kan forstå situationen og har en fornemmelse for, hvad der skal gøres.

Men hvordan kan dette blive muligt for den professionelle? For at vende tilbage til Aristoteles, så siger han, at vi har to fornuftsmæssige evner. For det første en evne, hvor vi betragter de ting i tilværelsen, hvis årsager ikke kan være anderledes end de er, og for det andet en evne, hvorved vi betragter dem, som kan være anderledes. Den første evne er en videnskabelig evne, og den anden evne er en skønnende evne. Den første søger sandheden, og den anden søger mod at være vejleder for handling. De to evner er forenede i det gode skøn.[38] Siden Aristoteles har der således været tradition for at sondre mellem teoretisk kundskab og praktisk kundskab – altså en skelnen mellem det at have kundskab om praksis og det at have praktisk kundskab.

Men selv om der er grundlæggende forskelle mellem at etablere en teori om verden og at handle i verden, er der ikke nødvendigvis tale om modsætningsforhold. At den rationelle tanke og den engagerede handlen ikke optræder som modsætninger, der udelukker hinanden, understreges hermed – derimod kan det siges, at de forudsætter og beriger hinanden. Og således bliver kundskab om praksis og praktisk kundskab hinandens forudsætninger. Den professionelle dømmekraft eller skønnet repræsenterer en kundskab, som ser sammenhængen mellem det generelle og det partikulære, som kan behandle partikulære situationer i lyset af generel teori om

dem. At skønne vil derfor kræve af den professionelle, at hun/han har evnen til selv at vurdere, hvilke overordnede og generelle principper, som bør anvendes i den aktuelle situation – altså en evne til at skabe sammenhæng mellem det partikulære og det generelle, mellem det særlige og det almene.

Konkret i forhold til didaktikken

Når både pædagoguddannelse og politiuddannelse opstiller forventninger og kriterier for rekruttering, så sendes der samtidig en række signaler til kommende og nuværende studerende. Vi har gennem vores analyse af dømmekraft indikeret, at den professionelle dømmekraft rummer mange forskellige aspekter, og at det er vigtigt at arbejde med udviklingen af den både i teori og praksis og ud fra nogle af de didaktiske overvejelser, som inspireres af bl.a. Erling Lars Dale, men generelt på baggrund af en bred forståelse af dømmekraft.

Ud fra dette bliver det centralt at spørge: underviser vi i det rigtige, og uddanner vi politistuderende og pædagogstuderende på den mest hensigtsmæssige måde – med andre ord: trænger vi til at justere didaktikken i forhold til en praksis, som i vores optik har mere brug for dømmekraft end for evidens, procedurer og kognition eller med f.eks. Hannah Arendts terminologi: vi har brug for mere tænkning og måske mindre kognition? Måske er vejen frem ikke alene de tidligere omtalte "fine papirer".

Umiddelbart ser det ud til, at vi gennem uddannelsen skal lægge mere vægt på "oversættelsen". Overordnet handler dømmekraften om at træffe kvalificerede valg, og skal det lykkes at handle adækvat i situationen, er det centralt at opøve en evne til at i processen at omskabe en ny og i princippet ukendt situation til en situation, som er så meget identificeret i forhold til en række erfarede mønstre og muligheder, at man kan handle. At have deltaget i mange situationer, som måske ligner hinanden, vil opbygge disse mønstre, og som studerende opnår man forskellige perspektiver på praksis.

Denne prioritering vil have flere facetter: vi skal sikre os samarbejdet med praktikken, og at praktikvejledere og undervisere følger op på en fælles rød tråd. Som undervisere er det nødvendigt at nyttiggøre de primærerfaringer, der gøres i praktikken - og som jo derfor er kontekstuelle. Nødvendigheden heraf understreges i en tid, hvor mange studerende er ganske unge og ofte uden de primærerfaringer, som kunne give fylde til arbejdet med dømmekraft. Oversættelsesarbejdet med at begrunde

fagligt, argumentere, reflektere og teoretisere skal have sit fundament i en forståelse af nødvendigheden af et samspil mellem teori og praksis og af at arbejde parallelt med professionel og personlig dømmekraft. Her kan et tyngdepunkt i undervisningen være en spørgsmål-svar-dialektik. Der tages udgangspunkt i de studerendes erfaringer og undringer. Disse problematiseres, man søger svar, og disse åbner igen for nye spørgsmål. Også vejledningssituationer i praktikken kan bidrage hertil, og den studerende opbygger således et sæt af mønstre i en kombination af erfaringer, praksiserfaringer og refleksion – alene og/eller sammen med erfarne kolleger, studerende og undervisere.

Dette rejser samtidig et andet centralt spørgsmål, som ligeledes er berørt i det ovenstående. Om vi lægger vægt på de rette kompetencer ved rekrutteringen? Følger vi Arendt og Eide er der behov for mod og evne til at se tingene som "nye" og særlige og modet til at tage ansvar. Og opmærksomheden, som vi har understreget, betyder også et arbejde med at opøve denne og at forankre denne i et kropsligt nærvær og opmærksomhed, som i en uddannelsessammenhæng ikke altid prioriteres, og som rummer andet end at blive klar til action.

Opsamlende

Didaktik rummer en række elementer, og det vil i forlængelse af vores analyse af dømmekraft og af den praksis, som politistuderende og pædagogstuderende er omgivet af, være åbenlyst, at der ikke er tale om en enkel mål-middel-resultat-tænkning. Mange aspekter skal inddrages, når vi dels har med vekseluddannelser at gøre, dels med uddannelser at gøre, som skal løse centrale samfundsmæssige opgaver, og som derfor er meget påvirkelige af samfundsmæssige forandringer. Heroverfor står så de forudsætninger, som de studerende kommer ind på studiet med – herunder de fysiske, de skolemæssige, kulturelle, sociale og personlige.

Grundlæggende handler det om en sag, en studerende og en uddannelsesmæssig kontakt (undervisere, vejledere o.a.). Og kigger man nærmere på nogle af de begreber, som både politiuddannelse og pædagoguddannelse anvender i deres informationsmateriale om f.eks

- Kommunikationsevne
- Samarbejdsevne
- Sociale kompetencer
- Mod
- Nærvær
- Handlekraft

og ser dem i lyset af dels vores analyse af professionel dømmekraft, dels vore overvejelser om teori-praksis-relationen og didaktikken, så mener vi, at der må være en langt tættere kontakt og opfølgning af den enkelte studerendes arbejde med kobling af professionel og personlig dømmekraft og forhåbentlig progression i forbindelse hermed. Som det er nu, oplever vi uddannelser, som prioriterer kognition og fag højt, og hvor et så centralt begreb som professionel dømmekraft italesættes meget svagt og meget dårligt lader sig bedømme i forhold til udbytte af en uddannelse. På den måde er vi bekymrede for, om uddannelserne nu reelt sikrer professionalisering og ikke det modsatte, og om vi uddanner til at inddrage den professionelle dømmekraft i forhold til bl.a. at tage ansvar frem for blot at uddanne til at følge regler og procedurer.

Noter

1. Staugaard, Hans Jørgen (2011): *Professionsbegrebet* s.162 – 175 i Blok Johansen, Martin og Olesen, Søren Gytz: *Professionernes sociologi og vidensgrundlag*, Systime. Se endvidere Nørgaards artikel i nærværende samling.
2. Ibid s. 171
3. Pahuus, Mogens(1987): *Det personlige skøn* s. 81-94 i *Kredsen, teologi, æstetik, filosofi*, 53.årgang, nr. 2, 1987
4. Eriksen og Pahuus, A.M. (2011): *Hvad er dømmekraft? – Den levende arv fra Aristoteles, Kant og Løgstrup* s. 43 – 65 i Johansen, Martin Blok og Olesen, Søren Gytz (red): *Professionernes sociologi og vidensgrundlag*

SERIEHÆFTE

5. Juul, Søren (2010): *Solidaritet: anerkendelse, retfærdighed og god dømmekraft. En kritisk analyse af barrierer for sammenhængskraft i velfærdssamfundet*, Hans Reitzels Forlag
6. Eriksen og Pahuus(2011): s. 45f
7. Ibid s.55
8. Ibid.s 58
9. Juul (2010) s. 75
10. Ibid s.69
11. Eriksen og Pahuus (2011) s. 58
12. Juul (2010) s. 373
13. Eriksen og Pahuus (2011): s. 60ff
14. Pahuus (2007): *Dømmekraft i pædagogisk perspektiv – et opgør med evalueringskulturens fornuftsbegreb*, s. 21 – 36 i Tidsskrift for Socialpædagogik nr 19, 2007
15. Ibid.s.22
16. Pahuus (2003): *Hannah Arendts teori om offentlighed og dømmekraft*, s. 63 – 78 i Slagmark, nr. 37, 2003
17. Kahl, Reinhard (2006): *Kærlighed til verden* (om Hannah Arendt og hendes tilgang til bl.a. pædagogik) s. 56 – 61 i Tidssskrift for Socialpædagogik nr. 18, 2006
18. Eide, Solveig Botnen (2012) *Individuelt ansvar og sløvhet i profesjonsutøvelse*, side 68.
19. Ibid, side 69.
20. Ibid. side 70
21. Ibid. side 65, 70.
22. Ibid, side 66
23. Ibid, sidde 72-74.
24. Arendt, Hannah (2008) : *Eichmann i Jerusalem:en rapport om ondskabens banalitet*, Gyldendal
25. Skjelmose, Lise Ovesen (2004) *At være, at vide og at kunne. At lære og at lære af hinanden*. Cand. pæd. – almen pædagogisk studieretning, Danmarks Pædagogiske Universitet, Specialeafhandling, upubliceret, side 48.
26. Strand, Torill (2003) *Hvad er pædagogik?* I: Tone Kvernbekk (red.) Pædagogik og lærerprofessionalisme. Århus, Forlaget Klim, side 217.
27. Skjelmose, Lise Ovesen (2004) *At være, at vide og at kunne. At lære og at lære af hinanden*. Cand. pæd. – almen pædagogisk studieretning, Danmarks Pædagogiske Universitet, Specialeafhandling, upubliceret, side 48.
28. Gadamer, Hans-Georg (2004 1960*): Sandhed og metode* s. 283; Academica
29. https://www.politi.dk/da/ompolitiet/ virksomhedenpolitiet/Strategi/
30. http://www.ucn.dk/Forside/Uddannelser/ P%C3%A6dagog.aspx, fisket d. 10.3.2012
31. Madsen, Benedicte (2000): *Dialog og gensidig forståelse. Om klar kommunikation i organisationer*, Dafolo
32. www.blivpolitibetjent.dk
33. ibid
34. http://www.ucn.dk/Forside/Uddannelser/ P%C3%A6dagog.aspx, fisket d. 10.3.2012
35. 36   Bl.a. etik står som et hyppigt nævnt punkt, når begrundelse for ikke bestået i specialiseringsrapporter på 6.semester skal angives
36. Studieordning for Grunduddannelse i Politivirksomhed 2013
37. Dale, Erling Lars (1989) *Pedagogisk profesjonalitet*. Oslo, Gyldendal Nordisk Forlag, side160.
38. Aristoteles (1995) *Den Nikomacheiske Etik*. Frederiksberg, DET lille FORLAG, side 117-118.

Litteratur

Aristoteles (1995): *Den Nikomacheiske Etik.* Frederiksberg, DET lille FORLAG

Dale, Erling Lars (1989): *Pedagogisk profesjonalitet.* Oslo, Gyldendal Nordisk Forlag

Eide, Solveig Botnen (2012): *Individuelt ansvar og sløvhet i profesjonsutøvelse*, i: *Etikk i praksis*, no.2, 6.årg. Trondhjem

Gadamer, Hans-Georg (2004 1960*): Sandhed og metode*; Academica

Grimen, Harald (2008*): Profesjon og kunnskap*, i: Molander, Anders og Terum, Lars Inge: *Profesjonsstudier*, Universitetsforlaget, Oslo

Høilund, Peter og Juul, Søren (2005): *Anerkendelse og dømmekraft i socialt arbejde*, Reitzels Forlag

Juul, Søren (2010): *Solidaritet: anerkendelse, retfærdighed og god dømmekraft. En kritisk analyse af barrierer for sammenhængskraft i velfærdssamfundet*, Hans Reitzels Forlag

Kahl, Reinhard (2006): *Kærlighed til verden*, s. 56 – 61 i Tidsskrift for Socialpædagogik nr. 18, 2006

Madsen, Benedicte (2000): *Dialog og gensidig forståelse. Om klar kommunikation i organisationer*, Dafolo

Mik-Meyer, Nanna og Järvinen, Margaretha, (red) (2012): *At skabe en professionel*, red., Hans Reitzels forlag.

Miller, Tanja (2008): *Professionelt eller hvad – om evaluering i folkeskolen* s.4 -9 i Cepra: Tidsskrift for evaluering i praksis ; nr. 3, 2008

Pahuus, Anne Marie og Eriksen, Cecilie (2011): *Hvad er dømmekraft? – den levende arv fra Aristoteles, Kant og Løgstrup*, s. 43 – 64 i Johansen, Martin Blok og Olesen, Søren Gytz (red):

Professionernes sociologi og vidensgrundlag, ViaSystime

Pahuus; Anne Marie (2007): *Dømmekraft i pædagogisk arbejde*, s. 21-36 i Tidsskrift for Socialpædagogik nr. 19, 2007

Pahuus, Anne Marie (2003): *Hannah Arendts teori om offentlighed og dømmekraft*, s. 63 – 78 i Slagmark, nr. 37, 2003

Pahuus, Mogens (1987): *Det personlige skøn* i "Kredsen, teologi, æstetik, filosofi" 53.årg.nr 2, 1987, Århus

Skjelmose, Lise Ovesen (2004) *At være, at vide og at kunne. At lære og at lære af hinanden.* Cand. pæd. – almen pædagogisk studieretning, Danmarks Pædagogiske Universitet, Specialeafhandling, upubliceret,

Staugaard, Hans Jørgen (2011): *Professionsbegrebet* i Blok Johansen, Martin og Olesen, Søren Gytz: *Professionernes sociologi og vidensgrundlag*, Systime

Strand, Torill (2003) *Hvad er pædagogik?* I: Tone Kvernbekk (red.): *Pædagogik og lærerprofessionalisme.* Århus, Forlaget Klim

Qvortrup, Lars (2008): *Arbejdsglæde og dømmekraft*, 1 side, i DPU, Asterisk: http://www.dpu. dk/fileadmin/www.dpu.dk/ aktuelt/magasinetasterisk/ udenforhierarki/ nr43november2008/ udgivelser_asterisk_asterisk-nrx2e-43-oktober-2008_20081022131239_asterisk_43_ s2.pdf

Samt hjemmesider og materiale fra hhv. UCN og Politiskolen, herunder

studieordninger 2013:

"Man skal være god til at have en plan B"

- om studerendes forståelse af det professionelle skøn

Af Ana Lisa Valente, ph.d., adjunkt ved UCN

I denne artikel[1] præsenteres studerendes opfattelser af det professionelle skøn. De studerende forstår praksisfeltet som præget af en høj grad af kompleksitet som nødvendiggør individualiserede løsninger overfor borgerne. Endvidere understreger de praksiserfaringernes betydning for deres læring, og fejl anskues i forlængelse heraf som en uundgåelig del af en opgavevaretagelse som kun i begrænset omfang kan baseres på ensartede problem- og løsningsforståelser.

De studerendes fortolkninger af opgavevaretagelsen er interessante set i forhold til nutidige tendenser i den offentlige sektor, som i højere grad vægter fælles standarder og evidensbaserede løsninger i forsøget på at sikre kvaliteten af velfærdsstatens ydelser.

Introduktion

I denne artikel præsenteres en gruppe politi- og pædagogstuderendes opfattelser af deres profession. Artiklen er baseret på et fokusgruppeinterview, hvor studerende ved Nordjyllands Politi deltog sammen med studerende fra pædagoguddannelsen i Nordjylland. Det understreges, at der dermed tale om et forholdsvist snævert datamateriale, og det er uvist, i hvor høj grad de udvalgte studerendes holdninger deles af andre studerende i lignende situation.

Formålet med gruppeinterviewet var at undersøge det professionelle skøn. Vi var interesserede i spørgsmål som, hvordan man træffer beslutninger i mødet med borgerne, ved hjælp af hvilken viden og værktøjer, og hvordan man lærer en profession. I den sammenhæng er studerende særligt relevante informanter i forhold til at sætte ord på de professionelles forudsætninger for opgavevaretagelsen. De studerende er på sin vis på vej til at blive fagprofessionelle, og forventningen var, at de i kraft af den position ville være bedre til at italesætte professionens koder i forhold til "fuldmodne" professionelle, som har indoptaget professionen, og som derfor i mindre grad er bevidste om deres praksisvirke.

Professionelle er faggrupper, som har en væsentlig indflydelse på definitionen af egne arbejdsopgaver samt på selve udførelsen af deres opgaver (Kragh Jespersen 2005). De er blevet karakteriseret som magtfulde grupper, hvis magt særligt er koblet til deres faglige autoritet ift. afgrænsede arbejdsområder og opgaver.

I de seneste årtier er der sket en udvikling i statens håndtering af de professionelle. New Public Management (NPM) betegner en sammensat bevægelse af intentioner og strategier rettet mod den offentlige sektor og koncentreret om markedsbasering samt ledelsesstrategier udviklet i den private sektor (Jensen og Prieur 2010; Kragh Jespersen 2005). *Accountabilty* opstår som et krav til de offentlige ansatte for de services de yder, og en række metoder til vurdering og måling af de professionelles opgaveløsning spreder sig (Power 1999, Vedung 2010). Udviklingen peger i retning af mindre professionel autonomi i opgavevaretagelsen.

Flere forfattere har påpeget, at de professionelle bliver målt på kriterier som er professions-eksterne, dvs. at de måles på økonomiske parametre og på patienttilfredshed (Miller og Rose 2008, Eide 2012). Vi er imidlertid også vidne til en yderligere udvikling, hvor professionelle ikke blot måles og vurderes på professions-eksterne kriterier, men også på deres faglige ekspertise (Valente 2012). Det finder sted igennem kvalitetsstandarder og evidensbaserede retningslinjer, som gør faglig ekspertise kalkulerbar og målbar. Aktivitetsplaner, læreplaner og undervisningsplaner er andre eksempler på, at offentligt ansattes faglighed bliver målbar (Jensen og Prieur 2010). Den evidensbaserede praksis favoriserer standarder frem for professionel autonomi, og det videnskabelige eksperiment på bekostning af det professionelle skøn (Vedung 2010: 274).

Denne udvikling understøttes af et øget fokus på fejl og variationer i de ydelser, de offentligt ansatte leverer. Det er blevet problematiseret, at professionelles arbejde er baseret på vaner, lokale traditioner og forældet viden. Evidensbaserede praksisser kan i denne sammenhæng ses som et initiativ, som er rettet mod at forhindre de risici, som de offentlige ydelser selv producerer (Dean 2010).

Det er i lyset af disse tendenser, at det er interessant at undersøge og italesætte de studerendes professionsforståelse, med særlig blik for deres forståelse af det professionelle skøn og læring igennem praksiserfaringer og fejl. Interviewgruppen var sammensat af pædagogstuderende og politistuderende, og de udvalgte studerende var på forskellige trin i deres uddannelse. Alle studerende havde erfaringer med at være i praktik. Det var særligt de politistuderende, som talte under interviewet, og det er derfor også deres beskrivelser af deres arbejde, som fylder mest i det følgende.

De studerendes professionsforståelse

Borgernes forskelligartethed står stærkt i de studerendes beskrivelser af deres praksis. De studerende har i deres praktikperioder forsøgt at håndtere mennesker med diverse behov, og som oven i købet reagerer vidt forskelligt på de metoder, som pædagoger og betjente har til deres rådighed, hvilket har afgørende betydning for de overvejelser, de gør sig om, hvordan de kan handle i en given situation. I interviewet udtrykker de studerende en forståelse af deres praksisfelt som komplekst, hvor der langt fra altid er entydige løsningsstrategier, som de professionelle kan sætte i spil i opgavevaretagelsen. De bliver i stedet nødt til at skønne for at kunne handle. En politistuderende siger fx i interviewet, at kommunikationen med de psykisk syge er helt central 'Men man kan ikke sige, at der er en god måde at snakke med psykisk syge på, de er jo lige så forskellige, som vi andre er det'.

Her udtrykker den studerende et karakteristisk træk ved *human processing løsninger* (Krogstrup 2006). Human processing løsninger refererer til offentlige ansattes arbejde i relation til brugerne (Krogstrup 2006: 25). Dette arbejde påvirkes af, at der eksisterer store variationer i målgruppen, som indsatsen nødvendigvis må tilpasse sig efter, hvis den skal opfylde sit mål, hvilket derfor betyder, at professionelle ofte må agere i et felt, hvor der ikke på forhånd er entydige handleanvisninger. Som Krogstrup formulerer det: "Succeskriteriet for denne type løsninger handler snarere om, hvorvidt det lykkes at udvikle løsninger, der er tilpasset den enkelte, end at etablerer standardløsninger" (Krogstrup 2002: 124).

Der kan skelnes mellem anvendelse af det professionelle skøn på den ene side, og på den anden side anvendelse af principper, regler og retningslinjer som standardløsninger. Principper, regler og retningslinjer henviser her til et bredt

3 6

spektrum af handlingsanvisninger, som omfatter forskellige typer anvisninger lige fra lovfæstede krav til mere uformelle principper for opførsel, som angiver hvordan ansatte bør handle under bestemte givne forudsætninger. Disse handlingsanvisninger skelnes fra det professionelle skøn som i højere grad er karakteriseret ved manglende entydige anvisninger. Det skal understreges at denne skelnen, hverken er en udtømmende beskrivelse af, hvad der karakteriserer det professionelle skøn, og at der heller ikke er tale om et entydigt skel i de følgende analyser mellem skøn og handleanvisende principper. Det skyldes, at det, de studerende kalder for et skøn, kan tænkes at dække over tillærte principper for adfærd både gennem uddannelse og praksiserfaringer, som den studerende har inkorporeret, og som i mindre grad er ekspliciterede og udtalte.

Det følgende eksempel illustrerer, at professionelle endda må være overordentligt forberedte på meget forskelligartede løsningsstrategier i mødet med borgeren. Den studerende fortæller her om at skulle gå ind i et mørkt og tilrøget rum for at berolige en voldelig, indlagt patient:

"Jeg overvejer, at jeg skal sørge for at have peber klar, og så prøve at tale med ham […]. Jeg tænker mere på hvordan lokalet er indrettet, kan han stå et sted hvor han kan overfalde mig på vej ind. Da jeg så kunne se ham, tænkte jeg på, hvordan jeg kunne præsentere mig som et menneske i stedet for en uniform som kommer og får ham lagt ned, så han kan få en sprøjte"

Det ovenstående er et ekstremt eksempel på vilkårene i det professionelle arbejde, hvor indsatsen må afstemmes i forhold til borgerens adfærd, og hvor handlemuligheder favner bredt lige fra magtanvendelsen ved hjælp af peberspray til beroligende kommunikationsteknikker, hvis man som professionel skal søge at yde den bedste service.

I det følgende eksempel beskriver en politistuderende sine overvejelser om håndteringen af borgere med psykiske lidelser:

"Man kan tale beroligende, nogen gange er der noget som "trigger", måden man taler til dem eller ser ud. Så kan man lige bytte rundt, hvis de hellere vil tale med en kvinde. Nogen skal man tale bestemt til […] Man må prøve sig frem. For man kender ikke manden, man bliver bare sendt til stedet. Så kan man sige, at pædagoger på et bosted, de har et bedre kendskab til hvordan man skal takle dem, de er jo vant til at omgås dem. … Politiet vi kan jo bare prøve os frem når vi kommer til stedet og så har vi [mulighed for at tilkalde en læge til at udføre en vurdering]"

Eksemplet viser, at det er situationens specificitet, som er afgørende for, hvordan den studerende vil handle. Kun til at starte med udtrykker den studerende et handleanvisende princip om at tale beroligende, derefter kommer skønnet i spil i vurderingen af en række samspillende faktorer.

Bevidstheden om at tilpasse deres adfærd til de særlige omstændigheder står stærk hos de studerende, som det fremgår af den følgende udveksling mellem interviewer og studerende, hvor den studerende formulerer sig stærkt omkring en praksis, som anvender standardløsninger og ikke tilpasser sig situationens specificitet og borgernes individuelle behov:

Studerende:
"Meget af arbejdet er baseret på et skøn, meget politiarbejde er et personligt skøn man gør ude på stedet, og derfor vil personlighed spille meget ind. Som vi talte om, så er der nogle rammer, love, men det er igen et personligt skøn derude:

hvordan man ser borgeren, og hvad man vælger at tage op af rygsækken og anvende derude. Det modsatte ville også være forfærdeligt, hvis man kom ud og sagde "så gør vi det og så gør vi det næste punkt", det ville også være træls, så ville man ikke få det der forhold overfor borgeren, hvis man ikke har personligheden med. Så bliver det sådan politistat-agtigt"

Interviewer:
"Skal alle ikke have samme behandling?"

Studerende:
"Det ville jo være et sørgeligt samfund at leve i […] Det er jo ikke alle der skal have samme behandling, folk er jo forskellige, folk har brug for noget forskelligt"

Disse udtalelser skal ikke tages til indtægt for en generel modstand mod fælles standarder for borgerne. I stedet er det de studerendes opfattelse, at der som udgangspunkt eksisterer et sæt overordnede mål og fælles regler, som gælder alle borgere, og at det er inden for disse rammer, at den professionelle har frihed til at vælge de metoder og løsningsstrategier, der passer bedst til situationen. Det er inden for de lovgivningsmæssige, faglige og etiske rammer, at der kan blive tale om en forskelligartet praksis: "Man har et fælles udgangspunkt i grunduddannelsen, man ved fx at man skal tilkalde en læge. Det er i forhold til, hvordan man kommunikerer med borgeren, at der kan være en forskelligartet praksis". En anden studerende siger: "Man skal have et fælles værdigrundlag, fælles fodslav der arbejdes ud fra, og så kan man arbejde forskelligt der ud fra".

Set fra de studerendes synspunkt er der altså tale om arbejdsopgaver i forhold til hvilke, der eksisterer overordnede mål samt overordnede principper for udførelsen af opgaverne, og inden for disse rammer må de studerende anvende situationsbestemte teknikker.

Den personlige rygsæk

Som det fremgår af det ovenstående, opfatter de studerende det professionelle arbejde som en størrelse, der i høj grad påkalder sig et professionelt skøn i mødet med borgeren. I interviewet fremkommer de studerende også med overvejelser omkring forudsætningerne for skønnet, dvs. overvejelser om, hvad der spiller en rolle, når man skal skønne, og hvilke kompetencer man trækker på for at skønne. Særligt to ting er centrale i de studerendes beskrivelser: det er de personlige kompetencer samt de studerendes erfaringer fra praksis.

I forhold til de personlige kompetencer er det først og fremmest i øjnefaldende, at de studerende i høj grad italesætter deres egne forskelligheder som betydningsfulde for håndteringen af arbejdsopgaverne. En studerende fortæller:

"Vi har nogle retningslinjer, og derud over, er det op til den enkelte politibetjent hvor meget service vi vil yde borgeren. Det er jo rent op til os selv, hvordan vi er som mennesker, hvor meget man har lyst til at lægge i det. Tit giver det sig selv, man løber tør for muligheder. Men jeg føler, at jeg gør mit job dårligt, hvis jeg møder op og siger, "nu skal du bare med, jeg gider ikke at snakke med dig, for der sker alligevel ikke noget ved det". Så har jeg det ikke godt med mig selv, så føler jeg, at jeg ikke har gjort et godt stykke arbejde"

De studerende fortæller om situationer, hvor de og deres kollegaer har haft forskellige tilgange til en opgave. En studerende beskriver fx en situation, hvor hendes egne erfaringer gør hende i stand til at vurdere en situation, som hendes kollega på den anden side ikke kan vurdere og derfor skaber en modstand og afvisning fra borgerens side. Hun havde derimod erfaringer, der betød, at hun kunne handle anderledes i situationen: "Jeg har heldigvis selv arbejdet med psykisk syge, så jeg kunne mærke, at hun

3 9

ikke ville have at man rørte ved hende".

Der er både tale om, at de professionelle har forskellige erfaringer, men også om at de har forskellige *personlige relationskompetencer*. Merete Monrad beskriver personlige relationskompetencer som "evnen til at opbygge og opretholde tillidsfulde relationer og til at håndterer andres følelser" og som en kompetence der er kropsligt forankret og "tilegnet gennem hele ens livsforløb" (Monrad 2010: 91).

Kompetencerne baseret på erfaring og personlighed beskrives af de studerende som en rygsæk, som kommer i spil, når den teoretiske viden i praksissituationer ikke længere rækker:

"Man prøver de ting man har fået at vide virker, men når man står overfor borgeren og de ikke virker, så trækker man på det man har i sin egen rygsæk. Vi har forskellige rygsække og i nogle situationer, kan det gavne at det er den ene kollega frem for den anden som klarer opgaven"

Som det fremgår af citatet anskues de forskellige kompetencer positivt. Fordi borgerne er forskellige og dermed kræver tilpassede handlingsindsatser, bliver de professionelles forskelligartede personlige

kompetencer opfattet som en ressource frem for et problem. De studerende siger fx: "Jeg tænker, at på lang sigt, så er det måske også det som kommer os til gode i praksis, at vi er forskellige, og at vi har forskellige måder at arbejde på […] Forskellige ting vi kan hive frem i forskellige situationer".

I de konkrete handlesituationer kan de professionelle på den måde skiftes til at forsøge at løse en opgave med de individuelle kompetencer og redskaber, de hver især har til rådighed. Som en studerende udtrykker det: "forskellige mennesker har forskellige kompetencer […]. Nogen magter situationer som andre ikke magter"

Endvidere anskues forskellighederne som positive, fordi de er et potentiale for udvikling og læring, forstået på den måde, at professionelle kontinuerligt lærer af hinandens forskelligheder og udfordres af andre professionelles alternative tilgang til løsning af opgaver. En pædagogstuderende siger: "Det er godt med forskellighed i modsætningen til "vi plejer". Man lærer af de mange forskellige måder at gøre ting på". Og den pædagogstuderende suppleres derefter af en politistuderende: "De forskellige kompetencer er et plus".

Mellem teori og praksiserfaringer

De studerende peger også i høj grad på deres praksiserfaringers betydning for deres læring og dermed deres situationsbestemte handlekompetence. Udøvelsen af skønnet er, som Hans Jørgen Staugård udtrykker det, et spørgsmål om "at sammenholde teoretisk indsigt og praktisk erfaring i den konkrete handlingssituation" (Staugård 2011: 167). Det følgende eksempel illustrerer, hvorledes en studerende opvejer teoretisk indsigt og praktiske erfaringer i forhold til en konkret handlingssituation, som involverer en borger, som lider af vrangforestillinger. Den studerendes tillærte viden viser sig i praksis at have utilsigtede konsekvenser, og den studerende må i situationen vælge andre virkemidler:

"Vi har psykologitimer. [...] Vi får at vide, at man ikke må fastholde dem i deres situation; hvis de ser et spøgelse skal man aldrig give dem ret i, at det spøgelse er der. Men erfaringen på gaden viser, at det er bare det nemmeste nu engang lige at føje dem lidt og sige, at det er også et træls spøgelse du kan se derovre, for så: "orv – så er jeg ikke den eneste". Det er sgu lidt nemmere lige at komme ind til dem og snakke med dem. Det er jo svært at sige, hvad der er rigtigt og hvad der er forkert overfor folk [...] Vores psykologilærer sagde at vi måtte aldrig nogensinde føje dem. Men jeg havde fx en som troede, at jeg bare var en taxichauffør der skulle køre ham og hans hund til dyrlægen. Så blev han voldsomt sur da han fandt ud af, at han ikke måtte tage sin hund med. Til sidst var det bare nemmere at sige, jamen så kører vi en tur hen til dyrlægen. Hans hund var omme bag ved, men den kunne han bare ikke se for gitteret. For så faldt han til ro og slap for at sidde og sparke efter mig, mens jeg kørte bilen. Men det er jo bare stik imod hvad vores psykologilærer hun sagde, at vi måtte aldrig nogensinde gå ind og sige, at det de troede, var rigtigt, fordi det var jo bare at fastholde dem i den situation de nu var. Men hvis vi skal fastholde dem i den situation i 20 min fremfor at slås med dem i 40 min ... det synes jeg et eller andet sted er nemmere"

Eksemplet illustrerer, at teoretisk viden, som omhandler det, som er gavnligt for borgeren, møder en virkelighed, hvor tilstedeværelsen af andre medvirkende faktorer betyder, at handleanvisningen ikke fungerer efter intentionen eller ligefrem virker modsat. I disse tilfælde må den studerende forsøge sig frem med andre handlemuligheder. Som en studerende udtrykker det, handler det professionelle arbejde om, at "Man skal være god til at have en plan B".

Praksiserfaringerne fremstår stærkt i de studerendes beskrivelser af deres læringsprocesser. Som en studerende udtrykker det: "Der er en kæmpeforskel på skolen og praktikken. I virkeligheden kan der ske alt. På allerede 14 dage havde jeg lært mere af at være på gaden end på 8 mdr. på skolen". Flere andre studerende udtrykker, at deres praksiserfaringer har lært dem mere, end de har lært på uddannelsen. Praksiserfaringernes betydning viser sig også mere indirekte, som når de studerende beskriver, hvordan de vil takle en situation og henviser til tidligere erfaringer, når de argumenterer for deres valg af handling.

Det er i praksis, at de studerende får erfaringer med de meget forskelligartede måder, hvorpå mennesker kan reagere og erfaringer med anvendelsen og succesen af forskellige løsningsstrategier. I det følgende uddrag udtrykkes dette forhold mellem teoretisk viden og praksiserfaring, hvor det fremgår at praksisfeltet er langt mere komplekst end de idealtyper, der arbejdes med på uddannelsen:

Studerende X: "Den praktiske erfaring er den bedste"
Studerende Y: "Ja, der er mange teoretiske muligheder. Vi har arbejdet med cases og med hvordan man efter papiret løser situationen; men når man så står der i virkeligheden, så reagerer hun ikke på samme måde, og det virker ikke det jeg siger, så må jeg prøve på noget helt andet. Så er jeg løbet lidt tør for muligheder. Så prøver man at sende en kollega ind som har en anden indgangsvinkel. Det er ikke altid, det er sådan som de tænkte situationer vi har trænet, og det er ikke altid at de reagerer på samme måde"

Ifølge de studerende får de et kendskab til og erfaring med menneskelig adfærd i praktikken, som man ikke kan opnå igennem bøger: "Som jeg sagde, det vurderingen bunder mest i, tror jeg, er ikke på baggrund af uddannelses psykologi, men på baggrund af den daglige kontakt med mennesker og vurderingen af deres normale adfærd eller deres afvigende adfærd, som man så bliver noget bedre til at se; ved at have den erfaring end ved at læse i en bog".

Dette kendskab og erfaring med menneskelig adfærd skaber en instinktiv viden og handlekompetence, som de studerende har vanskeligt ved at sætte ord på. Man "ved bare", hvornår der er tale om afvigende adfærd, og hvornår man skal "afvige fra rutinen for at kunne håndtere situationen". Denne instinktive eller tavse viden beskrives i det følgende af en studerende som "gadetække" og "politinæse":

"Man lærer at få gadetække, at agere mellem mennesker. Og politinæse som ligesom giver én, en instinktiv fornemmelse overfor nogle ting. Som når man kigger efter biler på gaden. Du ser bare en bil, men jeg ved, at her er der noget galt, den skal vi stoppe. Der er nogle typer og udstråling ... Jeg har lært meget og kommet ud for rigtig mange ting".

En anden studerende beskriver sine erfaringer og deres betydning for evnen til at skønne på følgende måde:

"Man har prøvet forskellige situationer og så lærer man lidt, hvad virker og hvad virker ikke, så man bliver hurtigere til at skanne en situation; hvad er det lige for en type vi har med at gøre, hvad plejer at virke og hvad virker ikke. Vi bliver bedre til at kunne aflure folk og hvad vi i hvert fald ikke skal gøre og hvad der måske kan hjælpe. Jo flere gange vi oplever det: 'Puh der lavede jeg en kæmpefejl' det skal jeg i hvert fald ikke gøre igen"

Flere andre studerende, giver som den studerende i det ovenstående, udtryk for, at fejl spiller en rolle i deres læreprocesses. Det skal vi se på i det følgende.

Fejl

I interviewet taler de studerende frit om de fejl, de begår i deres arbejde. For eksempel: "Vi kan være nok så godt uddannet, men i sidste ende er vi kun mennesker, og det er dem vi arbejder med også. Og der er altså plads til fejl, og der sker fejl"

Fejl hænger sammen med, at de studerende ude i virkeligheden må prøve sig frem i forsøget på at finde løsninger. Man forsøger at løse en opgave ved hjælp af indgangsvinkler og metoder, som viser sig ikke at virke, og som i nogle tilfælde forværrer situationen og bringer den professionelle endnu fjernere fra at løse problematikken end til at starte med. Det kan være, at der vælges en indgangsvinkel i kommunikationen med den psykiske syge, som resulterer i at borgeren nægter at fortsætte samtalen. Det er i sådanne tilfælde, at de studerende taler om fejl, dvs. når de skal vælge en metode afstemt efter den særlige situation og menneske, de står overfor, og den valgte metode viser sig ikke at virke.

I interviewet siger en studerende til en anden: "Det er også vigtigt, at man ikke er bange for at få et nederlag. Fx da du var ude hos hende der, da virkede det, du gjorde ikke, så virkede det din makker gjorde slet ikke, og det er så en erfaring, I gør jer. Man må hele tiden, hver især prøve sig frem". Her fremgår det af citatet, at de studerende accepterer, at fejl er et vilkår ved deres arbejde. En anden studerende fortæller:

"Du fejler hele tiden. Jeg har tusind gange prøvet at gøre et eller andet og så fejler man, og det må man bare acceptere, så prøver jeg noget nyt. Det er jo sjældent, at man løser en opgave 100 % korrekt, og det må man bare acceptere. Specielt når man har et job som det her, hvor man ikke har en lommebog at slå op i. Vi laver fejl hele tiden, og sådan er det bare"

Fejl er ikke kun et accepteret vilkår; det opfattes også som et aspekt ved en kontinuerlig læringsproces. En politistuderende siger fx følgende: "man lærer af sine erfaringer, man finder hurtigt ud af 'hov, det var noget skidt, så gør jeg noget andet næste gang, prøver en anden indgangsvinkel', man lærer hele tiden af det man siger, og af det der virker og ikke virker".

Lignende professionsforståelse, som de studerende giver udtryk for, har Waring identificeret i sit studie af læger. Her fandt han en kulturel accept af arbejdets usikkerhed og kompleksitet, som forårsagede, at læger også accepterede

fejl i deres arbejde. Fejl blev ikke bare accepteret, men også betragtet som en nødvendighed for yngre lægers læring (Waring 2005: 1931).

Disse forståelser af læring i praksis og igennem fejl står i modsætning til tendenser, hvor skønnet i højere grad søges erstattet med standardiserede løsninger baseret på forskningsresultater om, hvad der virker og ikke virker. Frem for at beslutningskompetencerne er koncentreret hos den enkelte professionelle, synes de nutidige tendenser at pege mod, at beslutningerne om den gode praksis træffes centralt.

For de studerende synes standardisering ikke at være en løsning:

"Selvfølgeligt ville det være perfekt hvis man havde en lommebog for alle situationer, hvor alle mulige tænkelige situationer er opstillet, men det kan man jo ikke. Det har vi jo ikke, så vi skal bruge lidt skøn. Vi må bruge det vi har. Det andet der, det kan vi jo ikke. Fx i forhold til psykisk syge, der kan man komme ud for vanvittigt mange situationer, derfor kan man ikke have den lommebog, man må hele tiden føle sig frem"

For de studerende kræver arbejdet situationsbestemte løsninger, og det er umuligt på forhånd at udarbejde regler og procedurer for alle de forskelligartede situationer, som møder dem i deres praksis.

Tid og rum til læring

For at lære af de fejl som begås, giver de studerende udtryk for, at det er afgørende, at de har mulighed for at diskutere hændelserne efterfølgende med deres kollegaer. Her synes der, at være forskellige betingelser for politibetjente og pædagoger. Politibetjente har i højere grad forudsætninger for at diskutere opgaverne med hinanden, end pædagoger har. Patruljevognen er et rum, hvor studerende diskuterer strategier både på vej til en opgave og efterfølgende på vej tilbage til stationen. Pædagoger har i langt mindre grad et afgrænset rum og tid til at diskutere hændelser. Når de oplever episoder i dagligdagen, vil de ofte efterfølgende være omgivet af brugerne. For at evaluere en hændelse, kræver det, at man trækker en kollega til side, og det er ikke altid en mulighed i en travl hverdag. En pædagog må eventuelt vente til et personalemøde for at diskutere en problematik med sine kollegaer.

De kvalitetstiltag, som er udbredt i dag, synes ikke at have fokus på disse rum for faglig sparring og evaluering som et element til at sikre serviceydelsernes kvalitet. Fokus er i stedet på læring igennem standarder og retningslinjer. Den samtidige effektivisering i den offentlige sektor kan tænkes at efterlade stadigt mindre tid til en faglig sparring og evaluering, som understøtter det professionelle skøn.

Opsamling

I følge de studerende kræver opgavevaretagelsen situationsspecifikke og individualiserede løsninger, og i forhold hertil er praksiserfaringer centrale, idet de udruster de studerende med viden om forskellige tiltag og redskabers virkning i praksis. De studerendes erfaringer er, at de mere generelle handleanvisninger tillært igennem uddannelsen ikke altid slår til i praksis eller får ikke-forudsete konsekvenser. Andre gange står de studerende overfor opgaver i forhold til hvilke, de ingen forberedte handleanvisninger har. I begge tilfælde må de studerende prøve sig frem og iværksætte en 'plan B'. De studerende beskriver dermed en opgavevaretagelse, som ikke nemt lader sig standardisere.

Fokusgruppeinterviewet indikerer professionsforståelser som divergerer fra nutidige tendenser, som i højere grad fokuserer på en ensartet service til borgerne. De studerendes forståelser af fejl og kontinuerlig læring i praksis, er ikke at genfinde i de fleste kvalitetsinitiativer. I stedet handler kvalitetsinitiativerne om at forhindre fejl, ved at identificere bedste løsninger, som kan implementeres i den offentlige sektor. Disse evidens-forestillinger indebærer i højere grad end de studerendes forestillinger et ensartet billede af borgeren.

Noter

1. Artiklen er en del af et projekt om det professionelle skøn. Datamaterialet er indsamlet af projektgruppen som består af Frank Norre, Britta Kusk Nørgaard og Lise Ovesen Skjelmose. Tak til Mette Schønning Lybæch som også deltog i dataindsamling, samt en særlig stor tak til de interviewede politi- og pædagogstuderende.

Litteratur

Dean, Mitchell (2010): *Governmentality: Power and rule in modern society* – 2nd Edition. London: SAGE Publications

Eide, Solveig Botnen (2012): 'Individuelt ansvar og sløvhet i profesjonsutøvelse'. I *Etikk i praksis. Nordic Journal of Applied Ethics, vol. 6, Nr. 2*

Jensen, Per H. og Annick Prieur (2010): 'Velfærdsstatens udvikling – set fra frontlinjen'. I *Social Kritik, Nr. 124.*

Krogstrup, Hanne Kathrine (2002): 'Når socialt arbejde bliver "standardvare"'. I *Nordisk Sosialt Arbeid, Nr. 3*

Krogstrup, Hanne Kathrine (2006): Evalueringsmodeller – 2. udgave. Århus: Academica

Kragh Jespersen, Peter (2005): *Mellem Profession og Management.* Frederiksberg: Handelshøjskolens Forlag

Miller, Peter and Nikolas Rose (2008): *Governing the Present.* Cambridge: Polity Press

Monrad, Merete (2010): 'Faglig uenighed i relationsarbejde: følelsesmæssige barrierer for konstruktiv udnyttelse af faglig uenighed blandt pædagoger'. I *Tidsskrift for arbejdsliv*, 12. årgang, 3

Power, Michael (1999): *The Audit Society: rituals of verification.* Oxford: Oxford University Press

Staugård, Hans Jørgen (2011): 'Professionsbegrebet'. I Johansen, Martin Blok og Søren Gytz Olesen (red.): *Professionernes Sociologi og Vidensgrundlag.* Via Systeme

Valente, Ana Lisa (2012): *Guideline Government – Quality development in the Danish healthcare sector.* Ph.D. afhandling, Aalborg Universitet

Vedung, Evert (2010): 'Four Waves of Evaluation Diffusion'. I *Evaluation* vol. 16, Nr.3

Waring, Justin J. (2005): 'Beyond blame: cultural barriers to medical incident reporting'. I *Social Science & Medicine,* vol. 60

Professioner - utætte kategorier eller hybrider?

- en diskussion af professionsbegrebet i lyset af udvalgte professionsfelter og -uddannelser

Af Britta Nørgaard, lektor og ph.d.-studerende ved UCN, pædagoguddannelsen

Inspiration til artiklen udspringer af mit igangværende ph.d-projekt. Både i praksis og i teori dukker en række uklarheder op vedrørende en række forhold i det professionelle møde, og samme undren optræder i den tyske og den amerikanske forskningslitteratur. Jeg vil i artiklen undersøge, om det har betydning for det professionelle møde med borgere med intellektuel nedsat funktionsevne, at både målgruppe og professionsgrupper udgør utætte kategorier, og at de professionelle betegnes som semi-professioner?

For en indkredsning af et svar på ovenstående spørgsmål vil jeg i forhold til professionsperspektivet, hvor borgerperspektivet kun meget indirekte berøres, se på følgende:

I arbejdet med målgruppen iagttages en kobling mellem det vidensbaserede, det komplekse og det ikke-rutineprægede arbejde, som ofte indebærer et skøn. Dette skøn eller den professionelle dømmekraft problematiseres og synes at have forskellig tyngde i de forskellige (semi-)professioner i mit felt. Jeg vil indlede afsnittet med et forsøg på at skabe overblik over forskellige professionsmarkører i forhold til mine cases ved bl.a. at inddrage en del af den professionslitteratur, som arbejder med "lister".

Kan blikket for professionel dømmekraft og skøn skærpes ved sammenligning af forskellige (semi-)professioner? Her vil jeg bl.a. lade en tekst af Bourdieu: "The Force of Law. Towards a Sociology of the Juridical Field" indgå som både inspiration og en form for spejling af især pædagogers tilsyneladende vanskelighed med at erobre et fagsprog.

Hvordan og i givet fald med hvilke elementer kan vi gøre skønnet og

dømmekraften til en del af uddannelsen
– også uden at ger indføre "kaldet"?
Med Grimens beskrivelse af, hvor
kompleks professicnsbegrebet er, og hvor
sammensat kundskabsbasen er, opnår
man måske en forståelse af, hvorfor
dømmekraft bliver central. Anne Marie
Pahuus's og Cecilie Eriksens artikel:
"Hvad er dømmekraft? – den levende
arv fra Aristoteles, Kant og Løgstrup"
med en beskrivelse af vidensformer
baseret på bl.a. Aristoteles erindrer
os om, at i arbejdet med at udvikle en
professionel dømmekraft vil begrebet
etik og professionsetik også indtage en
central plads. Og et stort spørgsmål er
derfor, hvordan man i en stadig mere
instrumentaliseret undervisningsverden,
hvor dømmekraft IKKE står som et
læringsmål, finder motivation til og
får plads til at inddrage dømmekraft
sammen med begreber som etik og skøn i
undervisningen på f.eks. de personrettede
professionsbacheloruddannelser? Og om
et øget fokus på dømmekraft og f.eks.
fagsprog vil mindske oplevelsen af at
være en hybrid eller en utæt kategori?

Målgruppeovervejelser

Det kan være vanskeligt at afgrænse
målgruppen for mit forskningsprojekt,
som er voksne med intellektuelle
funktionsnedsættelser – både medfødte
og erhvervede. Det er måske heller
ikke det mest centrale spørgsmål med
en entydig diagnose eller afgræsning.
Også professionerne inden for feltet
er mere eller mindre hybride. I forhold
til en traditionel professionsdefinition
er der ofte tale om semi-professioner.
Selv om ophavsmanden til begrebet
Amitai Etzioni ikke mente at lægge
noget nedvurderende ind i begrebet
semi-, så har ordet dog klang af bl.a.
den "wannabee"-retning, som beskrives
i Fauskes artikel "Profesjonsforsknings
faser og stridsspørgsmål[1]". Er man
en semiprofession, har man med stor
sandsynlighed mindre autonomi, er
underlagt et bureaukrati og har oftest
overvægt af kvinder.

I artiklen "Professionsbegrebet" giver
videncenterleder Hans Jørgen Staugaard
et overblik over dele af udviklingen af
professionsbegrebet med inddragelse
af klassiske professionsteoretikere som
Parsons og Abbott[2]. Følgende punkter
angives som professionsmarkører:
"monopol, autonomi, specialisering,
abstraktion og vurdering, uddannelse,
samt en særlig arbejdsmoral og en særlig
arbejdsmåde". Staugaard diskuterer
videre i sin artikel de ovenstående
markører, som jeg vil benytte som
udgangspunkt for en række overvejelser i
det følgende.

Hos Staugaard er der stor overensstemmelse med f.eks. Flexner, som i sin tale "Is Social Work a Profession" fra 1915 angiver, at særlige objektive standarder skal formuleres. Arbejdet skal være af overvejende intellektuel karakter; der er tale om et stort og personligt ansvar; der skal være tale om en "tillært" profession, dvs. der skal være tale om en uddannelse og overførbar og desuden kommunikerbar viden og teknikker. Der skal endvidere være tale om en form broderskab, som vil udvikle sig til en stærk klassebevidsthed iflg. Flexner. Endelig skal der være tale om altruistiske motiver frem for en ren økonomisk motivation.

For alle professionsuddannelserne eller måske rettere professionsbacheloruddannelserne, som optræder i mit ph.d. projekt, gælder, at disse professionsmarkører for de flestes vedkommende ikke er helt stabile og uoverskridelige. Som nævnt i indledningen omtaler også den tyske litteratur både målgruppen og gruppen af professionelle som "utætte kategorier". Så derfor kan man måske udlede, at de såkaldte liste-definitioner ikke er umiddelbart anvendelige ud fra denne opfattelse. Og måske skyldes det ikke alene karakteren af de involverede professioner, men generelt, at der ses en udvikling i og mellem professioner, som kan pege både på øgede specialiseringer og det modsatte.

I bogen "Menschen mit Behinderung zwischen Anschluss und Anerkennung" fremhæver filosoffen Markus Dederich flere steder betydningen af at inddrage aspekter som etik, ansvar og anerkendelse i uddannelsessammenhænge som støtte både for den enkelte professionelles refleksionsbasis og for sikring af et normativt fundament for feltet[3]. Andetsteds argumenteres der for, at professionelle i omsorgserhverv er tilbøjelige til, hvis de selv behandles instrumentelt og nedvurderende, at lade dette "smitte" videre, særligt, men ikke kun, når det gælder mennesker med kognitive handicap eller udviklingsforstyrrelser[4]. Adrienne Asch anfører i samme antologi som Dederich, at en del af problematikken vedrørende anerkendelse af den professionelle kan ses i det faktum, at en stor del af hjælpen og støtten til borgeren er af praktisk art og ikke så intellektuelt krævende, og når man så kan udøve arbejdet med en kort eller minimal uddannelse, udsættes man for ringeagt[5]. Uddannelse forlener den professionelle med en vis legitimitet, som ikke kan ses uafhængig af hverken uddannelses længde eller elementer af en traditionel professionsforståelse.

Når man på denne baggrund observerer feltet og ikke kun har fokus på den professionelles møde med borgeren, men også inddrager hvordan forskellige (semi)professionelle taler med hinanden om f.eks. borgeren, og hvordan man i tværfaglige sammenhænge giver udtryk for sin faglighed, så ses elementer af ovenstående professionsmarkører i spil på en måde, som virker positionerende og afgrænsende i en arbejdspladsintern markering.

Staugaard uddrager 3 hovedelementer, som ses som karakteristiske for professioner[6]:

1. "De udøves med baggrund i en særlig teoretisk viden, som er erhvervet gennem en formel kompetencegivende uddannelse

2. De udøves med en stor grad af faglig og moralsk vurdering fra den enkelte professionsudøvers side

3. De udøves i daglig praksis inden for væsentlige samfundsmæssige områder og er oftest underlagt en eller anden grad af offentlig forvaltning".

Når man sammenholder Etzionis' bemærkninger, Flexners liste og Staugaards forsøg på overblik og sammenkobler med yderligere elementer fremført af Howsam (1976), nemlig "at professionens medlemmer er involveret i beslutningstagning i forbindelse med serviceringen af klienter. Denne beslutningstagning sker på baggrund af den nyeste viden og teorier og under hensyntagen til eventuelle konsekvenser"[7] danner der sig for mig at se konturerne af et felt, som man som pædagog, social- og sundhedsassistent, ernæringsassistent, ergoterapeut, fysioterapeut eller syge- plejerske kan have forskellige måder at finde sig til rette i eller blive optaget i. At blive optaget i et felt kan se anderledes ud for pædagogen end for fysioterapeuten, som har sundhedsvidenskabelige og naturvidenskabelige teorier og termer at argumentere og beslutte ud fra. Dette ser ud til at påvirke pædagogen, som ikke i samme grad ser f.eks. sit fagsprog som så specielt, at det "fortjener" anerkendelse. Howsams begreber og beskrivelse kan således medvirke til at beskrive og forstå yderligere skel.

Markører og forskellige faggrupper
Alle faggrupperne i mine observationer varetager deres arbejdsopgaver ud fra Staugaards 3 punkter. Alle har en formaliseret uddannelse med forskellige former for teoretisk viden. Arbejdsopga- verne er komplekse, og der må ofte

foretages skøn i et arbejde, hvor "klienten" måske ikke kommunikerer på tydelig vis, og opgaverne kan ses som værende af væsentlig samfundsmæssig interesse – ud fra forskellig værdisæt.

Ser man på en række af de øvrige markører, ja, så er feltet underlagt en bureaukratisk kontrol, og der er et flertal af kvinder inden for feltet. Her ses dog en lille forskel dels indbyrdes mellem mine to cases, dels internt i de enkelte (semi-)professioner. På det ene sted, hvor jeg har udført empirisk arbejde, er en del mænd ansat, mens de er i klart undertal på det andet sted. Spørgsmålet om autonomi eller selvstændighed er måske vanskeligere at besvare, idet der for alle borgerne i mit felt er formuleret handleplaner og for mange også ganske detaljerede behandlingsplaner, og alligevel er der i selve arbejdets udførelse en vis autonomi og mulighed for tilrettelæggelse og udvikling. Det er bl.a. her skønnet og dømmekraften kan komme til udtryk. F.eks. når der om en borger i en behandlingsplan står, at han skal have medicin efter 30 minutters krampe, og personalet så skønner anderledes:

"Kollega: men der forstod jeg bare, at så skulle vi give ham den

Kollega 2: men sådan har jeg ikke hørt det

Kollega 3: og så dokumentér alle de gode ting, når vi ikke giver XXXX(medicin), synes jeg . Skriv igen i …

Kollega 2: jeg vil stadig gerne, når han har noget, at I skriver: hvornår det startede, og hvornår I lagde kugledynen på, og hvornår det sluttede, så vi har tid på, hvor lang tid det varer også, når vi ikke giver medicin

Kollega 4: god idé – det kan skrives i skema- det kan XX (adm) sikkert lave"

M.h.t. markøren *monopol*, så er der her forskel på de forskellige områder, idet der ikke er meget monopol-status i varetagelsen af disse arbejdsop-gaver. I f.eks. fysioterapeutens og sygeplejerskens er der dog enkelte områder, som varetages alene af disse grupper, mens mange andre opgaver løses af alle – efter eventuel oplæring.

Arbejdsmoral, set som noget professionsspecifikt, har jeg ikke meget belæg for at udtale mig om i relation til de konkrete cases. Jeg betragter arbejdsmoral som et element i arbejdspladsens kultur, og fordi der er et meget tæt tværprofessionelt samarbejde kan der være den mulighed,

at arbejdsmoral set som noget profes-
sionsspecifikt primært vil være synligt,
hvis der på arbejdspladsen opstår
konflikter de forskellige faggrupper
imellem? Konkret vil jeg dog vurdere,
at der i den ene case, hvor personale-
gruppen primært udgøres af en ganske
sammentømret gruppe, som har arbejdet
sammen i mange år, gøres en stor
indsats for borgerne, som peger på en
meget høj arbejdsmoral. Men om den
er professionsspecifik? Borgernes tarv
varetages på nogle punkter ud over
det, der kan siges at høre et normalt
lønarbejde til. Det samme kan også siges
at gøre sig gældende for min anden
case, men da der her er tale om nye og
ikke-etablerede arbejdssammenhænge
og arbejdsfællesskaber, som er ved at
finde sin form, så italesættes arbejdstider,
procedurer og mødekulturer mere
eksplicit. Jeg har dog ikke belæg for
at vurdere arbejdsmoralen, men kan
alene sige, at begreber i tilknytning til
arbejdsmoral fremtræder mere som
værdier, som man hyppigere italesætter.

Arbejdsmoral kan på den måde ses
at hænge sammen med legitimering.
Staugaard henviser til Abbott, og der
peges på, at der kan registreres en
tendens til at legitimere via teknik frem
for at legitimere ved at henvise til f.eks.
mere personlige karaktertræk [8]. Hvis

personer fra en faggruppe måske har
vanskeligere ved at dokumentere deres
opgavevaretagelse end andre, så kan
der på denne måde opstå nogle interne
"kampe", som har moralsk karakter, for
har motivation, som ligner "kald" større
eller mindre vægt end motivation baseret
på argumenter af f.eks. medicinsk
karakter. Nogle af disse interne "kampe"
kan have afsmittende virkning på mødet
mellem den professionelle og borgeren.

Min inddragelse af markøren fra Howsam
om at bygge på den nyeste forsknings-
viden mener jeg også kan ses i varierende
omfang hos forskellige faggrupper i mine
cases. Der er professioner, hvor det at
være altruistisk i sig selv ofte er at opfatte
som en drivkraft, som alene kan danne
fundament for opgavevaretagelsen – eller
som i alt fald ses som det væsentligste,
og hvor den vidensbase, som man har
erhvervet sig gennem sin formaliserede
uddannelse ikke altid suppleres med
viden fra den nyeste forskning. Hvis man
samtidig ikke opretholder en evne til at
begrunde vurderinger på et vist abstrak-
tionsniveau, kan dette give anledning
til, at de forskellige (semi-)professioner
indtager forskellige positioner i de
arbejdsrelationer, som jeg iagttager i
mine 2 cases. I det ene tilfælde siger
den pædagogiske leder, at det efter
hans opfattelse er tydeligt, at det er

pædagogerne, som har vanskeligst ved at få anerkendelse fra de øvrige faggrupper. Igen kan det betyde, at professionelle med baggrund i en naturvidenskabelig tilgang kan risikere at dominere den tilgang, man på en arbejdsplads har til borgeren og mødet, hvilket også iagttagelser under personalemøder og fokusgruppeinterviews kunne tyde på.

"Interviewer og jeg snakkede lige lidt om det i starten det med at gøre vores eget fagom... nu er jeg pædagog – at gøre vores eget fagområde synligt, for det tror jeg ikke at jeg har været god til at gøre

Pæd1: pædagoger er også sådan mere flyvske (laver samtidig en favnende bevægelse)

Pæd 2: men også fordi der har været så meget sundhedsmæssigt, sundhedsfagligt her i starten, der bare skulle være i orden, så der ikke har været plads til det

Pæd1: ja, det er også rigtigt

Pæd 2: MEN det er det, og jeg tænker også det med det du sagde, B, om jeg bruger det der med kommunikation på min arbejdsplads...Nej, det gør jeg faktisk ikke. Altså, jeg snakker med mine kollegaer nogle gange, når de .. hvis de har det svært, og det er jo ikke det. Men det er jo også det med Janteloven, hvis

man siger, man kan det her. Den har jeg jo nok. Jeg vil ikke bare stå op og sige, nu kan jeg vise, at jeg kan en hel masse...."

En anden observation handler om gensidig undervisning de forskellige professionelle imellem. En fysioterapeut og dennes kollega har sammen slået emner op på en liste, som de vil kunne undervise i, og hun efterlyser i et gruppearbejde i et intro-forløb for nyansatte på stedet, at andre "bare" gør det samme. En i gruppen, som repræsenterer pædagogerne, siger, at det jo da var gode emner, der var slået op, men uden at tilkendegive andre emner. Her kunne det se ud til, at to forskellige professionstraditioner er medvirkende til at markere et skel. Som fysioterapeut er du forankret i en sundhedsfaglig tilgang med et fagsprog og med særlige teknikker og værktøjer. Heroverfor oplever pædagogerne måske deres faglighed som mindre afgrænset og defineret.

Hvad har faggrupperne til fælles?

Hvad der derimod er fælles ud fra mine observationer i de to cases, som jeg arbejder med, kan ses i forlængelse af markøren selvstændighed og autonomi. Der er tale om meget komplekse arbejds-opgaver, som meget ofte vil indebære skøn og brug af professionel dømmekraft.

Molander og Terum definerer skønnet således: "Profesjonelle tjenester karakteriseres ved bruk af skjønn fordi problemsituasjonerne vanskelig lar seg standardisere. Den profesjonelle resonering om valg af handlemåte må basere seg på en fortolkning av det enkelte tilfelle i lys af generelle kunnskaper og handlingsnormer[9]".

Filosoffen Anne Marie Pahuus giver i artiklen "Hvad er dømmekraft? – den levende arv fra Aristoteles, Kant og Løgstrup" sammen med Cecilie Eriksen en række bud på, hvad skøn og dømmekraft er, og hvordan man har tænkt om den op gennem tiden. De sidestiller dømmekraft og skøn, og de lader forståelse, fortolkning, forventning og foregribelse indgå som elementer[10]. Forskellen mellem at skønne personligt og professionelt fremhæves, hvor det understreges, at arbejde i de såkaldte velfærdsprofessioner trækker på både det personlige og det professionelle. Dette dobbelte fokus skal man derfor bibeholde under uddannelse og under fortsat udvikling af ens praksisfærdigheder. Meget sigende mener de, at man skal opbygge "en teoretisk grund at stå på og …..en personlig bund at gå på[11]."

I anden sammenhæng betegner Anne Marie Pahuus i en artikel om Hannah Arendt dømmekraften som "en fornuft,

som ikke dokumenterer, men som virker i praksis[12]". Så måske er der her tale om en gråzone i forhold til nogle eksterne krav om dokumentation, og samtidig om nogle forskelle mellem de involverede professioner, idet nogle arbejdsopgaver kan være lettere at dokumentere end andre, og hvor den dømmekraft, der "bare" virker, iflg. Arendt kan problematiseres i en praksis anno 2013? Og igen kan der være et spørgsmål om legitimitet i den personlige dømmekraft, ligesom forskellige former for professionelle skøn synes at relatere til forskellige grader af legitimitet.

Jeg vil senere uddybe begrebet dømmekraft i relation til uddannelse, men at dømmekraft i forlængelse af ovenstående fællestræk for mine implicerede grupper ofte vil kunne iagttages, er næsten selvsagt, når Pahuus og Eriksen i artiklen siger med Aristoteles," at alle de ting i et professionelt virke, der kan være anderledes, end de er, kræver, at der sker en mobilisering af fornuftsevnen 'skøn'[13] ".

Også Kant inddrages hos Pahuus og Eriksen i besvarelsen af, hvad dømmekraft er, og her handler det om en kritisk evne. Kritik indebærer en evne til at skelne. Skelne mellem forskellige handlemuligheder, som rummer forskellige elementer. Det drejer sig ikke blot om noget kognitivt, men bl.a. om en evne til at kunne tage den andens perspektiv, som rummer både fantasi og åbenhed. Kants brug af ordet kritik og skelnen ligger bag Freidsons anvendelse af ordet *discretionary* og Bourdieus anvendelse af begrebet *"la distinction"* (og dermed en form for æstetisk dømmekraft)..

Freidson angiver i artiklen "Professionalism, The Third Logic[14]" nogle sammenhænge mellem specialisering, typer af viden og skøn (*discretionary*): Set i relation til de 2 cases, som jeg arbejder med, og som rummer en række forskellige faggrupper, som primært kan rubriceres under (semi)-professioner, så vil man se, at der er tale om faggrupper, som traditionelt forbindes med tavs viden og praktisk viden i et vist omfang, samtidig med at der også er tale om både hverdagsviden og formel viden.

Faggrupperne vil opleve skøn og brug af dømmekraft i det komplekse og ikke-rutineprægede arbejde, men om anvendelsen af skønnet og dømmekraften vurderes ens – både internt og eksternt, det er et spørgsmål, som jeg måske kommer et skridt nærmere ved at se nærmere på og kontrastere 2 (semi)professioner ud fra en artikel af sociologen Pierre Bourdieu.

Bourdieus interesse for, hvad der generelt konstituerer felt, og hvilke kapitalformer, der giver anledning til anerkendelse er oplysende i forhold til at forstå, hvorfor f.eks. pædagoger kan have svært ved at opnå anerkendelse.

Bourdieu og felt

I artiklen "The Force of Law. Towards a Sociology of the Juridical Field "analyserer Pierre Bourdieu en række af de kendetegn, der konstituerer et felt generelt, men her helt specielt det juridiske felt[15]. Ved kort at gengive en række af disse karakteristika vil jeg forsøge at spejle 2 forskellige grupper (af semiprofessionelle), nemlig på den ene side politiet og på den anden side pædagogerne. Samtidig bliver det også tydeligt, at begrebet felt ikke er let afgrænseligt.

Disse 2 grupper har ofte målgrupper til fælles, og det kan bl.a. handle om udsatte grupper, f.eks. grupper i relation til socialpsykiatri og misbrugsmiljøer. Der synes at være en opfattelse af, at politibetjente ubesværet benytter og ekspliciterer anvendelse af en professionel dømmekraft, mens pædagoger er mindre tilbøjelige til at anvende sig af dette begreb. I et mindre pilotprojekt i et samarbejde mellem Nordjyllands Politi og UCN er der sat fokus på disse tilsyneladende forskelle, og i den forbindelse vil jeg trække nogle hovedpunkter fra Bourdieu-artiklen frem.

Et centralt punkt er opfattelsen af felt, hvor Bourdieu ser det juridiske felt som organiseret omkring særlige, interne regler, procedurer, antagelser, særlige forholdemåder og organisatoriske værdier. Disse koder holdes i live af uddannelse, traditioner og den daglige, professionelle praksis, og der er samtidig internt en form for "kamp" i feltet, så selv om feltet kan betragtes som konservativt, så sker der dog en (måske umærkelig) forandring. For en mere markant forandring kræves der, siger Bourdieu med en Kant-henvisning, en mere seriøs krise.

I forhold til både politi og pædagog-området, så kan der iagttages legitimi-tetsvanskeligheder og gentagne medie-historier, men hvilken betydning om nogen disse krisetegn og "historier" har eller vil få for en eventuel udvikling af (semi-)professionerne, er endnu uvist. Uddannelsen til politibetjent er p.t. på vej til at blive en professionsbachelor, men det i sig selv indebærer ikke pr automatik større legitimitet, hvis man ser på, hvordan andre professionsbachelorer omtales i offentlige sammenhænge før og efter professionsbachelorbekendtgørelsen (f.eks. pædagoger og lærere).

I artiklen peger Bourdieu på sproget som en konstituerende faktor for konstruktionen af et felt. Og i det juridiske felt gælder der det særlige forhold, at dagligdags termer og almindeligt sprogbrug anvendes med helt særlige betydninger og omsættes til et særligt sprog. Ord, der synes almindelige for lægmand, tillægges helt andre og nye betydninger, som for lægmanden kan være ganske misvisende[16].

På det juridiske felt er sproget ofte passivt og upersonligt. Der benyttes f.eks. imperativ, indikativ, konstaterende verber i nutid og datid i 3.person. Bourdieu beskriver denne retorik som et kendetegn på autonomi, neutralitet og universalisme[17]. Her trækkes der på et juridisk univers rummende magt og en teknisk rationalitet.

En del af dette ikke-hverdagslige sprog benyttes også at politiet både i aktiv tjeneste og i rapporter. Som politibetjent kan man anvende f.eks. udtrykket "i lovens navn" – og et "du er anholdt". Heri ligger en væsentlig forskel, idet pædagoger ofte vurderer det at "holde bolden på egen banehalvdel" og tage udgangspunkt i sig selv med et "jeg" som en kommunikationsform, der signalerer professionalisme. Dette til trods for, at det ofte kommer til at fremstå som både "hverdagssprog-agtigt" og normativt. Der findes særlige kommunikationskoncepter, hvor det at udtrykke sig i et personligt sprog fremhæves som konstruktivt og endda konfliktnedtrappende (f.eks. det såkaldte Girafsprog).

Bourdieu kalder den universaliserende attitude, som bl.a. findes inden for det juridiske arbejde, i form af en bestemt måde at tale og rationalisere på ud fra et helt særligt vidensfelt og sæt af koder, som overleveres gennem generationer i det juridiske felt, for en indgangsbillet til feltet. At bygge på en sådan "kanon" giver autoritet helt ud i yderste led af feltet, hedder det hos Bourdieu. Den laveste rangerende jurist eller endog betjenten er knyttet op på lovteori gennem en "kæde af legitimation, som fjerne hans handlinger fra arbitrær vold[18]".

Også her ses en forskel mellem politibetjentens virke sammenlignet med pædagogens. Der er et meget kompleks vidensfelt bag pædagogen, og mange koder er måske slet ikke ekspliciterede, så der er ikke nogen "kanon" og kæde af legitimation at argumentere ud fra. Det komplekse vidensfelt og mangel på ekspliciterede koder kan ganske sikkert være fælles for de 2 professionsfelter. Heri ligger bl.a. forskellen på det juridiske felt i forhold til politiets arbejdsfelt, som på sin side på mere håndgribelig vis er infiltreret i en fysisk og social praksis. En

juridisk praksis rummer en vis distance fra gaden og hverdagens arenaer, hvor politiets arbejdsfelt netop udspiller sig på måder og på steder, hvor der er ikke altid tale om ekspliciterede koder og formalia. Og det samme gælder i stor udstrækning pædagogens arbejdsfelt.

I sammenligningen mellem politi og pædagoger vil jeg vurdere, at det kan være lettere at anvende begrebet professionelt skøn eller dømmekraft med en vis ekstern legitimitet, hvis man ved, at der er en fast "kanon" og i sidste instans en lov at tale ud fra, mens pædagogen i sin professionsforståelse kan have mange flere forskellige traditioner at tale ud fra, som ikke forlener hende med samme sikkerhed[19].

Fornyelser og forandringer i feltet kunne iflg. Bourdieu ske på baggrund af kriser, men i det juridiske felt vil det oftest ske gennem små ændringer indefra, som når en dommer f.eks. tolker loven en anelse anderledes, idet en sådan ny dom så vil indgå som præcedens for fremtiden og således optræde som en form for teori. Denne "selvsupplering" er med til at skabe et stærkt felt – og dermed, uden at Bourdieu er explicit herom, en stærk profession med autonomi.

At have magt til at benævne tingene er altså et centralt element i at opretholde det juridiske felt, uden at det dog er uden modsætninger. Med et sprog, som kan have autoritativ og neutral karakter, tydeliggøres en distance til de mennesker, som man i feltet er sat til at forsvare, og der er "derfor en risiko for at underminere den logik og den tone af venskabelighed, som ofte ses i indledende forhandlinger[20]".

Sproget er således endnu et centralt symbol på legitim, symbolsk vold[21]. Dette ses også som en del af politiets legitime professionsgrundlag. Bourdieu omtaler domsafsigelse som repræsenterende essensen af autoriseret, offentlig, officiel tale og som magiske handlinger, fordi de lykkes med at opnå universel anerkendelse[22].

Det er min opfattelse, at noget af denne "magi" smitter af på politiets arbejde, mens det kan være meget vanskeligt at finde den form for essentielle autoritative udsagn eller handlinger i pædagogens professionsgrundlag. Og hvor lovens felt rummer en vis forpligtelse over for fælles værdier, som er ekspliciteret i regler og mulige sanktioner, så rummer det pædagogiske felt også et vist omfang af forpligtelse over for fælles værdier, som imidlertid er langt svagere kodificerede og sjældent forbundet med tydelige sanktioner[23]. Denne svaghed kan iagttages, selv om også det pædagogiske arbejde sker som et politisk opdrag og er

underlagt både stor offentlig bevågenhed og kontrol.

Profession, dømmekraft og uddannelsesrefleksioner

Den norske Harald Grimen kortlægger i artiklen "Profesjon og kunnskap" en række af de mange elementer, som indgår i forskellige professioner for bl.a. at tydeliggøre, hvad en række professioner, som ikke umiddelbart hører til de klassiske, *også* bygger på og rummer[24].

Han peger bl.a. på, at det kan være frugtbart at skelne mellem, om kundskabsbasen er præget af enhed eller mangfoldighed; hvordan forholdet mellem teori og praksis er, og hvordan teoretisk og praktisk kundskab kan forstås.

Her gælder det for en række af semiprofessionerne, at de for en stor del bygger på meget heterogene kundskabsbaser, og at synteserne af de mange del-kundskaber skabes i og aflæses af praksis. Og selv om det så udefra kan se ud som en teoretisk fragmenteret kundskabsbase, så vil det i praksis handle om meningsfuldhed i de konkrete situationer. Denne meningsskabelse hænger sammen med et andet forhold iflg. Grimen, nemlig det faktum, at professionen ikke finder sit formål i sig selv, men relaterer sig til værdier uden for den professionelle og professionen selv. Her spiller et normativt islæt ind, og der kan forekomme vanskelige værdivalg, som man som professionel også må kunne formidle til f.eks. borgeren. Her spiller skønnet ind.[25]

Både Grimen, Pahuus og Eriksen inddrager Aristoteles' begreber om *episteme, techne og phronesis* i deres artikler, og hos Pahuus og Eriksen suppleres disse med endnu to, nemlig *sophia* og *nous.* Med *episteme* (det uforanderlige) og *techne* (at man mestrer en teknik) kommer man et stykke vej, men ved at kombinere med *sophia* (visdom), *phronesis* (forstandighed) og gerne *nous* (intuitiv indsigt) kommer man endnu videre. Følger man denne tankegang, som hos Aristoteles og Pahuus et al. er nuanceret yderligere, vil man se, at der er tale om forskellige kundskabsformer, som er sprogliggjort i forskellig udstrækning. Og på samme tid opleves de at have forskellige grader af legitimitet, jf. Bourdieu-artiklen. Episteme, som ofte forbindes med skolastisk viden, vurderes anderledes end techne, som igen vurderes anderledes end phronesis og nous. At besidde techne som en dygtig håndværker, mødes ofte med respekt, og hvis man mestrer at handle rigtigt ud fra situationen og den enkelte person med en etisk forholdemåde, så

viser man elementer af phronesis. Nous kan være i spil, når man som underviser eller pædagog ændrer planer hen over dørtrinnet, fordi man har en uhåndgribelig fornemmelse af, at det netop denne dag er bedre med en anden aktivitet eller anden rækkefølge. Og man kan have vanskeligt ved at sætte fingeren på, hvad der var årsag til ens justering af planerne.

Når der i dag stilles krav om dokumentation af det (semi-) professionelle arbejde, så kan det være i modstrid med Aristoteles' overvejelser om, at ikke alt bliver tydeligere ved en sprogliggørelse, men at noget kunne fremstå tydeligere, ved at vi tør "stille os til rådighed" for dømmekraften. Og spørgsmålet om, hvad vi måske vinder ved en total sprogliggørelse af professionalisme kan efter min opfattelse ikke ses uafhængig af spørgsmålet om, hvad vi måske samtidig risikerer at miste.

Når vi drager nytte af den forstandighed, som phronesis udgør, trækker vi på både praksiserfaringer, på en værdimæssig baggrund, på vore holdninger, men der er samtidig også inddragelse af en række overvejelser af faglig og etisk karakter, afhængig af situation, timing og kontekst. Således rummer dømmekraft og skøn både personlige, etiske, værdimæssige, faglige og måske politiske aspekter, hedder det hos Pahuus et al.

Dømmekraftens indhold af kontekstualitet og timing betyder cgså, at den er med til at bygge bro mellem overvejelse og handling, hedder det videre.

Aristoteles placerer selv visdom (*sophia*) øverst i er form for kundskabshierarki. Dette får Pahuus et al. til at konkludere: "Overført til dagens velfærdsprofessionelle viden, betyder det, at enhver professionelt uddannet skal turde stole på sin egen viden som en baggrund at udøve sit skøn på, for overhovedet at kunne udføre sit arbejde[26]".

Gennem denne fremstilling tydeliggøres også, at det at bruge sin dømmekraft og udøve skøn involverer mere end blot en teknisk eller kognitiv indsigt. Jeg har tidligere omtalt Anne Marie Pahuus' gengivelse af filosoffen Hannah Arendts opfattelse af, at dømmekraft ikke handler om at dokumentere, men om at fungere i praksis. Og for mig rejser det et spørgsmål om, om Freidsons forskellige former for skøn i forhold til forskellige former for viden alene har en ren teoretisk interesse, idet skøn og dømmekraft, når der er tale om praksis, netop byder på mere integrerede former for viden.

Her er efter min opfattelse en opgave, når begreber som f.eks. dømmekraft, legitimitet, fagsprog, etik skal integreres som en del af de personrettede professionsbacheloruddannelser. Hvordan arbejder vi på dels at gøre disse begreber til genstand for læring, dels på at integrere forskellige vidensformer på en mere ligeværdig måde, så den kognitive og den meget naturvidenskabeligt kodede viden ikke får en forrang, som signalerer, at en netop denne vidensform ikke nødvendigvis er ene om at kvalificere den professionelle praksis. Det handler for mig ikke om at betragte ikke-sprogliggjorte vidensformer som f.eks. intuition som en fuldgyldig erstatning for andre vidensformer, men for en integration af og anerkendelse af differentierende former for viden.

I denne argumentation kan der findes paralleller hos den tyske filosof Axel Honneth i essayet "Vedinglichung". Heri præsenteres John Deweys overvejelser vedrørende en oplevelseskvalitet, som ikke tillader at gøre forskel på emotionelle, kognitive eller viljesprægende elementer[27]. Dewey mener, iflg. Honneth, at vi som handlende væsener først og fremmest relaterer til verden i en eksistentiel distanceløshed og med praktisk engagement. Denne verdens-relation kalder Honneth for anerkendelse. Og for ham betyder det, at vi ikke er neutrale i vores erkendelse af verden. Denne erkendelse er præget af en "gennemfarvet eksistentiel, ansvarlig indstillet bekymrethed", og Honneth mener her, at denne indstilling er på linje med både Deweys praktiske engagement, og at der er lighedspunkter med andre beslægtede begreber hos andre teoretikere. Vigtigere i min sammenhæng er det dog, at Honneth påpeger betydningen af, at man ikke glemmer den kvalitet, der ligger i den erfaring, som Dewey kalder den oprindelige. Overbetones en kognitiv oplevelsesdimension, ser Honneth risiko for tingsliggørelse – en risiko som måske allerede opstår i en begyndende refleksiv og analytisk sprogliggørelse[28].

Dømmekraft – som en del af en uddannelse?

Med en beskrivelse af mange forskellige professionselementer – dels som en meget sammensat kundskabsbase (Grimen), dels som dømmekraft (Pahuus et al, Grimen, Aristoteles) - kan man rejse spørgsmålet: hvordan omsættes disse i en uddannelsessammenhæng?

I en dansk uddannelsestradition har der været tradition for at inddrage elementer som dannelse og personlig udvikling på forskellige niveauer for uddannelse. Det er i dag begreber, som er nedtonet eller helt skrevet ud af formål og

bekendtgørelser. I dag er der fokus på læringsmål og CKF'er[29], og hvis ikke der står dannelse og personlig udvikling her, så vil det ikke være her, fokus lægges i undervisningen.

Selv om der f.eks. står etik i en række fagbeskrivelser i de personrettede professionsuddannelser, kan man spørge, hvor målbart og konkret et læringsmål indeholdende etik og f.eks. dømmekraft vil kunne formuleres[30]. Disse uddannelser er kendetegnet ved at være vekseluddannelser, dvs. der er praktikperioder, hvor koblingen mellem teori og praksis finder sted, og hvor syntesen af et vidensgrundlag præget af mangfoldighed (Grimen) gerne skulle skabe mening for den enkelte professionsudøver. Både politistuderende og pædagogstuderende giver tydeligt udtryk for, at det er i praktikken, at den professionelle dømmekraft udvikles[31].

At inddrage koblingen mellem teori og praksis sammen med diskussioner og refleksioner, hvor man som underviser eller vejleder udfordrer den enkelte på værdier, holdninger sammen med udviklingen af faglighed kunne medføre, at man nærmer sig arbejdet med den professionelle dømmekraft, som bl.a. rummer Aristoteles' begreber om nous, sophia, techne, episteme og phronesis.

Det er imidlertid ikke så enkelt. Kobler man inspirationen fra Kant, Løgstrup og ikke mindst Dewey og Honneth på den inspiration, som de oprindelige Aristoteles's begreber rummer for både artiklerne af hhv. Grimen og Pahuus og Eriksen, så peges der i artiklen af Pahuus og Eriksen på nye dimensioner, som skal indgå i udviklingen af dømmekraft. Med Kant har vi allerede set på begrebet kritik, som kan ses på linje med begreberne skelnen eller distinktion, og Kant vil også pege på, at der er brug for en vis fantasi og umiddelbarhed. Og med artiklen af Honneth peges der på en oprindelig oplevelsesdimension, som skal søges bevaret.

Og brugen af dømmekraft - inspireret fra mange forskellige sider - vil skulle afprøves i et socialt fællesskab, så selv om dømmekraft et langt stykke er et personligt anliggende, så har den også en social dimension[32]. Denne sociale dimension rummer på den ene side det forhold, at bag ved mange (semi-) professionelle befinder der sig en stat med deraf følgende magtforhold, og på den anden side vil vores distinktions-kompetence eller skøn også være påvirket af sociale vilkår på andre måder. Der er forskel på det samfund, Aristoteles skrev ind i, og det samfund vi ser i dag. Og Aristoteles' begreber skal måske

suppleres med nye overvejelser og nuanceringer.

Med både Løgstrup og Honneth understreges en mere emotionel og mange-facetteret del af dømmekraften, som hænger sammen med, hvordan vi møder det andet menneske. Gør vi det med en sindets åbenhed og med en stemthed, som rummer åbenhed og tillid over for det andet menneske, så kan der også i Løgstrups begreb om dømmekraft og Honneths anerkendelse ses en form for etisk fantasi, som måske ikke ligger så langt fra hverken Aristoteles og Kant.[33]

Dømmekraft har altså som begreb mange dimensioner, hvis man ser på disse udredninger med inspiration fra traditionsrige teoretikere. Det kognitive, det sociale, det etiske, det faglige, det personlige, det fantasifulde, det følelsesmæssige, det politiske og måske flere.

At arbejde med alle disse dimensioner i en undervisnings- og uddannelses-sammenhæng vil efter min opfattelse betyde, at de vilkår, som mange (semi-) professionelle i dag uddannes under må analyseres nærmere. Jeg har ovenfor antydet, at der ses en række ændringer vedr. dannelse over for uddannelse, måling på læringsudbytte, som måske kan ses over for en mere personlig udvikling. Og samtidig er der krav om, at flere skal uddannes på et optimalt (læs: minimalt) omkostningsniveau, og mange studerende på i alt fald professionsbacheloruddannelser er i dag yngre end tidligere – af mange grunde, men bl.a. på baggrund af et politisk og samfundsmæssigt pres, dårlige betingelser for at erhverve sig arbejds- og livserfaring på anden vis etc.

På denne baggrund vurderer jeg, at det kan være vanskeligt at udvikle en dømmekraft som her skitseret. Hvor man tidligere havde nogle lange forløb med bestemte undervisere, som fulgte en gennem både praktikforløb og skoletid under studiet og havde mange muligheder for at iagttage personlig og faglig udvikling, så er situationen i dag den, at undervisere får mere specialiserede funktioner, hvorved kendskabet til den enkelte studerende ofte fragmenteres. Den tid, som afsættes til at arbejde med den individuelle studerendes dannelse gennem drøftelse af f.eks. værdier og etik er også reduceret.

Det betyder imidlertid ikke, at sådanne drøftelser ikke kan finde sted. Det er efter min overbevisning centralt, at vi som undervisere tør og formår at rykke studerende ud af en trygheds-zone, så de ikke blot bekræfter egne fordomme og fortsætter ad ureflekterede

og måske normative spor i forhold til den professionelle praksis. At indgå i drøftelser og etiske overvejelser i forhold til en fremtidig eller nuværende praksis er også et signal fra os som undervisere: at mødet mellem mennesker - og ofte i såkaldt asymmetriske relationer - betyder, at værdier synliggøres, og at man "sætter sig selv i spil" med det ansvar og de forpligtelser, det indebærer i en Løgstrupsk forstand om at få den anden til at lykkes eller ej.

Hvor en sådan samtale finder sted og den lykkes, ja, så ser jeg ofte, at det er de studerendes egne praktikerfaringer eller meget konkrete og genkendelige cases, som bringes i spil, og hvor netop dømmekraft kan italesættes og diskuteres. Her opstår erkendelser – ofte tilbageskuende og reflekterende, og det er her i alt fald *nogle* af de mange dimensioner i dømmekraften kan blive en del af uddannelsen.

Etik, motivation, professions-identitet og andre perspektiver?
Jeg har her valgt primært at holde fokus på uddannelsesperspektivet i relation til dømmekraft i min indkredsning af, hvad der muligvis kan være med til at styrke professionen inden for det felt, hvor den professionelle møder borgeren med nedsat intellektuel funktionsevne.

Et andet perspektiv kunne lægges på at styrke legitimiteten i at opfatte de impliceredes arbejde mere som et såkaldt kald. Disse professionelle udfører alle et arbejde, som kan ses som en del af et politisk opdrag. Og samtidig vil mange have valgt professionen af altruistiske grunde. På den måde kan der måske iagttages interne forskelle, således at nogle borgerrettede professioner i højere grad end andre kan være motiveret af begreber som status og rationalitet, mens andre kan være motiveret mere af en affektiv motivation[34].

Spørgsmål om "kald" og motivation er forhold, som ville kunne inddrages i det uddannelseselement, der i dag hedder det tværprofessionelle element[35], og som ville kunne betyde, at der arbejdes hen mod en gensidig anerkendelse af forskellige former for motivation og dømmekraft allerede under uddannelse. Sådan kunne det tværprofessionelle samarbejde måske styrkes. Kendskab til andre faggruppers professionsetik kan efter min opfattelse ses som en styrkelse i denne sammenhæng, hvilket igen er et krav for det tværprofessionelle element i bekendtgørelsen for pædagoguddannelsen og findes tilsvarende i andre bekendtgørelser[36].

"Centrale kundskabs- og færdighedsområder:

a) Den pædagogiske professions ansvar og kompetence i løsning af de tværprofessionelle opgaver, herunder værdier, etik og kernefaglighed.

b) Viden om en eller flere andre professioners ansvar, værdier, etik og kernefaglighed som eksemplarisk princip".

Netop viden om andre professioners etiske grundlag kan efter min opfattelse blive en central dimension i at kunne dels eksplicitere eget grundlag, dels anerkende andres. Og det kan måske være med til at rykke f.eks. pædagogers normativitet ud af en meget udskældt "privatisme". Emile Durkheims placering af en professionel etik mellem en "familiemoral og en civil moral" – mellem en mere privat moral og en moral forankret i civilsamfundet - [37] gælder måske stadig delvist for en række af de her omtalte (semi-)professioner, men krav om gennemsigtighed og dokumentation betyder også, at der er behov for en italesættelse og refleksivitet omkring netop etiske forhold. Der er i dag en anderledes offentlig bevågenhed på netop disse professionelle normer end på Durkheims tid[38].

Samtidig kan Durkheims opfattelse

SERIEHÆFTE

af etikken også vise, at udviklingen af en professionsetik kan ses som en nødvendig manifestation af en (ny) profession, så der kan også være kræfter i spil for netop at markere forskelle[39]. For at godtgøre, at man *er* en ny profession skal man kunne og ville godtgøre fælles professionelle standarder, etiske forholdemåder og på den måde opretholde en professions autoritet og gyldighed, og iflg. Durkheim sker det bedst i nær tilknytning til den konkrete praksis. Der ligger altså en opgave, som kun kan løses under medvirken af professionen selv.

På den måde vil arbejdet med en række af de her omtalte perspektiver også kunne medvirke til at udvikle en professionsidentitet og måske imødegå manglen på anerkendelse og respekt udefra. Det er i dag et krav i uddannelsen at arbejde mod professionsbevidsthed og - identitet[40]. Bl.a. pædagoger har brug for at kunne argumentere med større faglighed og tyngde, og som uddannelse kræver det en veludviklet faglig diskursivitet vedrørende forhold, som ellers kan ende i selvfølgeligheder og "synsninger". Og i forlængelse af min analyse af dømmekraft kan netop en faglig diskursivitet også rumme en risiko for tingsliggørelse i en distancerende oplevelseskvalitet.

Opsamlende

Jeg har gennem disse besvarelser af mine tre delspørgsmål forsøgt at indkredse et indledende og absolut ikke udtømmende svar på min indledende undren: *Har det betydning for mødet med borgere med intellektuel nedsat funktionsevne, at både målgruppe og professionsgrupper udgør utætte kategorier, og at de professionelle betegnes som semi-professioner?*

I min besvarelse af første spørgsmål demonstreres uklarheder på en række af de professionsmarkører, som den klassiske professionslitteratur fremstiller.

Der tegner sig et indtryk i besvarelsen af spørgsmål to vedrørende afgræns-ning af et professionelt felt, som jeg antyder med min læsning af Bourdieus artikel. Uklarheden illustreres ved sammenligninger mellem politiets og pædagogens arbejde. I forhold til andre (semi-)professioner vil man kunne sidestille pædagogens mere uklare professionsfelt med en række andre personrettede professionsbache-loruddannelser, selv om pædagogen som profession måske står svagere end f.eks. sygeplejersken og andre sundhedsvidenskabeligt funderede professioner i forhold til et afgrænset felt. De uklare afgrænsnings- og markørforhold indikerer, at der kan være problemer vedrørende anerkendelse af de (semi-)professioner, som befolker feltet, hvor mødet med borgeren med den intellektuelle funktionsnedsættelse finder sted.

Spørgsmål tre kan ikke ses som direkte udspringende af ovenstående undringspunkt, men mere som en konsekvens af de overvejelser, som de to første spørgsmål medfører. Umiddelbart vil jeg mene, at der må tænkes nyt i forhold til undervisningsformer, ligesom både indhold, organisering af og rammevilkår for professions-bacheloruddannelserne må revurderes.

Noter

1. Fauske, Halvor(2008): *Profesjonsforsknings faser og stridsspørgsmål* s. 31 – 53 i Molander, Anders og Terum, Lars Inge (red)(2008): *Profesjonsstudier.* Universitetsforlaget
2. Staugaard, Hans Jørgen (2011) *Professionsbegrebet* s. 161-175 i Johansen, Martin Blok og Gytz Olesen, Søren (2011): *Professionernes sociologi og vidensgrundlag,* Viasystime
3. Dederich, Markus (2001): *Menschen mit Behinderung zwischen Anschluss und Anerkennung,* s. 175, s. 217
4. Kittay, Eva Feder (2004): *Behinderung und das Konzept der Care Ethik,* s. 75f i: Graumann m.fl.(red) 2004: *Ethik und Behinderung. Ein Perspektivenwechsel.*
5. Asch, Adrienne(2004): *"Anforderungen*
   an Assistenz" s. 59f, i Graumann m.fl. (red),op.cit.
6. Staugaard(2011) s. 163
7. Slides fra Gittes Harrits' oplæg på ph.d-kursus august 2012, afholdt af CESAU
8. Staugaard (2011) s.171
9. Molander, Anders og Terum, Lars Inge (2008): *Profesjonsstudier – en introduksjon* s. 13 - 27 i: Molander og Terum (red) (2008): *Profesjonsstudier,* Universitetsforlaget
10. Pahuus, Anne Marie og Eriksen, Cecilie (2011): *Hvad er dømmekraft? – den levende arv fra Aristoteles, Kant og Løgstrup* s.43 - 64 i: Johansen og Gytz Olesen (red) (2011): *Professionernes sociologi og vidensgrundlag,* Via Systime
11. Op.cit.s.45
12. Pahuus, Anne Marie (2007)
13. Ibid. s.46
14. Freidson(2001): Kap1, *Professional Knowledge and Skill* s. 17 – 35 in: *Professionalism, The Third Logic,* Polity
15. Bourdieu, Pierre (1987): *The Force of Law. Towards a Sociology of the Juridical Field,* in *Hastings Law Journal 38,* 814 – 53med forord af oversætter Ruchard Terdiman s. 805 - 813
16. Op.cit.s.829
17. Op.cit.s.820
18. Op.cit.s.824
19. Studieordningen for politiuddannelsen for 2013 rummer da også begrebet skøn i flere kompetencemål
20. Op.cit.s.837
21. Ibid s.838
22. Ibid. s.838
23. Op.cit.s.844
24. Grimen, Harald (2008): *Profesjon og kunnskap* s. 71-86 in Molander, Anders og Terum Lars Inge (red)(2008): *Profesjonsstudier,* Universitetsforlaget

SERIEHÆFTE

25. Ibid s.72ff
26. Pahuus, Anne Marie og Eriksen,
    Cecilie (2011) : *Hvad er dømmekraft?
    – den levende arv fra Aristoteles,
    Kant og Løgstrup* s. 43 – 65, her s.51
    in Johansen og Gytz Olesen (red)
    (2011): *Professionernes sociologi og
    vidensgrundlag*, Viasystime
27. Honneth (2005): *Verdinglichung*, s.41
28. Ibid s.43ff
29. CKF = mål for centrale kundskaber og
    færdigheder se også note xix
30. Her trækker jeg på en delanalyse i mit
    ph.d-projekt
31. Udsagn fra fokusgruppeinterviews med
    grupper af politi- og pædagogstuderende
    d. 29.10.2012
32. Pahuus og Eriksen (2011), op.cit. s. 56ff
33. Ibid. s. 60ff
34. Tabel 9.5. fra Gitte Harrits' slides fredag
    d.24.8.2012 på et ph.d-kursus afholdt af
    CESAU kunne antyde (mindre) forskelle
    mellem f.eks. fysioterapeutens motivation
    og pædagogens.
35. Det tværprofessionelle element
    (http://www.uvm.dk/Service/
    Publikationer/Publikationer/
    Videregaaende-uddannelser/2009/
    Praktik-i-paedagoguddannelsen/1-
    Paedagoguddannelsens-fag-og-faglige-
    elementer/Det-tvaerprofessionelle-
    element)
    Uddannelsen indeholder et
    tværprofessionelt element, hvorefter
    den studerende gennem teoretiske og
    praktiske uddannelsesforløb med andre
    relevante professionsområder opnår
    forudsætninger for at samarbejde med
    personer fra andre professioner i løsning
    af konkrete opgaver.
    Hensigten er, at den studerende gennem
    kendskab til både egen og andre
    professioners faglighed og identitet
    kvalificerer sig til et tværprofessionelt
    samarbejde *(bkg. bilag 9)*. Tilsvarende
    findes i bekendtgørelsen for andre
    professionsbacheloruddannelser
36. https://www.retsinformation.dk/Forms/
    R0710.aspx?id=133502#B8
37. Durkheim, Emile (1957?): Kapitlet
    Professional Ethics in *Professional Ethics
    and Civic Morals,* Routledge.
38. Op.cit.s.5
39. Ibid.s.12
40. Fra https://www.retsinformation.dk/Forms/
    R0710.aspx?id=133502#B8

Litteratur

Asch, Adrienne (2004): "Anforderungen an Assistenz" in Graumann m.fl (red) 2004: *Ethik und Behinderung. Ein Perspektivenwechsel,* Campus

Bourdieu, Pierre (1987): *The Force of Law. Towards a Sociology of the Juridical Field,* Hastings Law Journal 38: 814-53

Dederich, Markus (2001): *Menschen mit Behinderung zwischen Anschluss und Anerkennung*

Durkheim, Emile (1957?): Kapitlet *Professional Ethics* in *Professional Ethics and Civic Morals,* Routledge

Fauske, Halvor (2008): *Profesjonsforsknings faser og stridsspørgsmål* s. 31 – 53 i Molander, Anders og Terum, Lars Inge (red) (2008): *Profesjonsstudier.* Universitetsforlaget

Flexner, Abraham (2001, org. 1915): *Is Social Work a Profession?,* in *Research on Social Work Practice,* 11(2): 152-165

Freidson (2001): Kap1, *Professional Knowledge and Skill* s. 17 – 35 i: *Professionalism, The Third Logic,* Polity

Grimen, Harald (2008): *Profesjon og kunnskap* s. 71-86 i Molander, Anders og Terum Lars Inge (red) (2008): *Profesjonsstudier,* Universitetsforlaget

Honneth, Axel (2005): *Verdinglichung, Eine anerkennungstheoretische Studie,* Suhrkamp, Germany

Kittay, Eva Feder (2004): *Behinderung und das Konzept der Care Ethik,* in: Graumann m.fl(red) 2004: *Ethik und Behinderung. Ein Perspektivenwechsel,* Campus

Molander, Anders & Harald Grimen (2010): *Understanding professional discretion,* pp. 167-86 i Lennart G Svensson & Julia

Evetts (red.), *Sociology of professions: Continental and Anglo-Saxon traditions.* Göteborg: Daidalos

Pahuus, Anne Marie (2007): *Dømmekraft i pædagogisk perspektiv* i Tidsskrift for Socialpædagogik nr. 19, 2007

Pahuus, Anne Marie og Eriksen, Cecilie (2011): *Hvad er dømmekraft? – den levende arv fra Aristoteles, Kant og Løgstrup* s. 43 – 65, in Johansen og Gytz Olesen (red)(2011): *Professionernes sociologi og vidensgrundlag,* Viasystime

Staugaard, Hans Jørgen (2011) *Professionsbegrebet* s. 161-175 i Johansen, Martin Blok og Gytz Olesen, Søren (2011): *Professionernes sociologi og vidensgrundlag,* Viasystime

SERIEHÆFTE

SERIEHÆFTE